U0928761

易中天中华史

The History of China / 03

奠基者

易中天 —— [著]

浙江出版联合集团
浙江文艺出版社

目录
Contents

第四章 / **天下为家**

第五章 / **两个基本点**

第六章 / **根本所在**

后记 / **时间开始了**

第一章

生于忧患

武王来不及脱下战袍，
就宣布接手政权。
生于忧患又偷天换日的周人，
必须证明革命的合理性和政权的合法性。

胜利者的惊悚

据说，殷纣王是自焚而死的。

当然，据说而已，并无证据。

纣是殷商最后一个王，本名辛，在位时号帝辛，纣是周人对他的称呼，意思是“残义损善”。他是被周武王打败后逃进宫里烧死自己的，身边甚至环列着美玉。

没人知道殷纣王当时怎么想，也没人解释周武王为什么能在一片火海和焦土中找到纣王的尸身，并把他的脑袋割下来挂在白旗上。历史都是由胜利者书写的。失败者就像水里的鱼，即便流泪也没人在意，更不会留下痕迹。[1]

我们只知道，周武王甚至来不及脱下战袍，就借用商人的宗庙向皇天上帝和列祖列宗禀告胜利，并同时宣布立即接手政权，俨然以“中国”自居了。[2]

当然，真正的开国大典，还必须以更盛大更隆重的祭祀仪式在自己的京城举行。那时，他们将在天帝的身边看见早已去世的先祖文王，看见他老人家的在天之灵正以欣慰的眼光，慈爱地看着自己表现出色的子孙。

然而周公却是心头一紧。

周公姓姬名旦，也叫文公或叔旦，是文王的儿子，武王的弟弟，成王的叔叔，因为采邑（封地）在他们民族的发祥地周（今陕西省岐山县），所以叫周公。由于武王在伐纣之后很快就病故，继位的成王年幼，他便成为新政权最重要的领导人，以及周文化和周制度最重要的创始人之一。在这样的仪式上，他诚惶诚恐是可能的，心存敬畏是可能的，庄严肃穆更是可能的，怎么会惊悚呢？莫非看见了什么？[3]

正是。他看见战败的殷商贵族，看见那些往日不可一世的人上人，正排着队伍毕恭毕敬地鱼贯而入。

一股悲凉之情，在周公心底油然而生。

也许还有酸楚。

是啊！想当年，殷商的祭祀何等气派而奢华。上百头的牛羊，数不清的酒具，琳琅满目的珠宝，还有一个个献祭的活人。作为附庸小国的周，不也得派出代表助祭，规行矩步地行礼如仪，甚至眼睁睁地看着他们大开杀戒吗？然而现在，这些战败者却只能充当助理，拜祭周人的祖先。

◎ 湖北黄陂盘龙城商方国宫殿遗址复原鸟瞰图

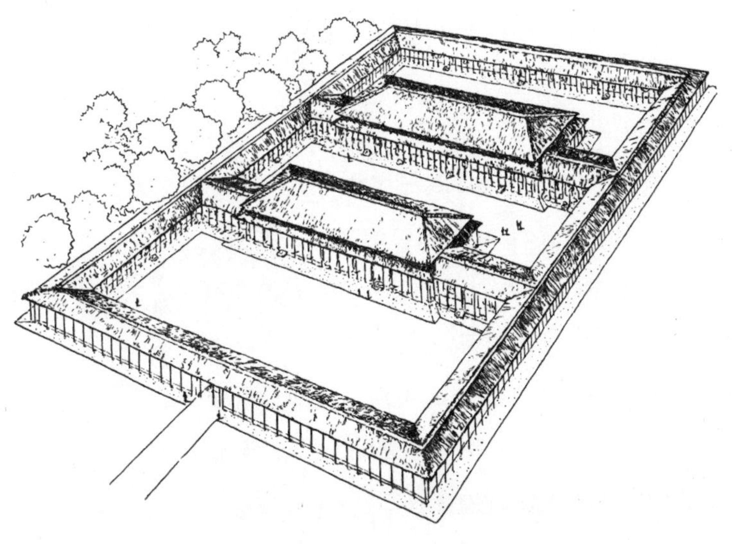

盘龙城建于商中期，是一座以城为中心的商文化遗址群。城内面积约 75400 平方米，考古发现三处大型宫殿基址。虽非商王宫殿，但其工程做法、城池、殿堂均与中原殷商都城一致，皆为当时最高的建筑水准。

商代宫殿和宗庙建筑，通常有高大的城墙、恢宏的殿堂和以中轴线为中心的对称布局。这些特点为后来历朝历代的皇城宫殿建筑所继承。

天，真是说变就变！

据周公后来自己说，那一刻，他想了很多。他想，商的祖先，不也光荣伟大吗？商的子孙，不也万万千千吗？然而天命一旦改变，他们就成了这副德行。那么，我们周的子孙，会不会也有一天穿着别人的礼服，戴着别人的礼帽，跟在别人的后面，祭祀别人的祖宗？

完全可能。

周公清楚地记得，武王伐纣，出兵是在正月（子月），胜利是在二月（丑月），实际只用了三十多天。这实在太快了！如果他知道，后来全副现代化武装的美英联军，推翻萨达姆政权尚且用了五十六天，恐怕真会倒吸一口冷气。

想想吧想想。高耸的楼台，为什么说倒就倒？铜铸的江山，为什么不堪一击？历史的悲剧，会不会再次重演？新生的政权，能不能长治久安？

周公忧心忡忡。

没错，皇天上帝的心思，谁也猜不透。他钟爱过夏，眷顾过商，现在又看好周，这可真是“天命无常”。看来，没有哪个民族是天生的上帝选民，也没有哪个君主是铁定的天之骄子。一切都会变化。唯一不变的，是变。

这就万万不可粗心大意，必须以殷商的灭亡为教训，谦虚谨慎，戒骄戒躁，居安思危。显然，在突如其来的胜利面前，周人没有骄傲得像得胜的公牛，反倒如同站在了薄冰之上、深渊之前，小心翼翼，战战兢兢。

这是一种忧患意识。

是的，忧患。事后，周公在他创作的赞美诗《大雅·文王》中，曾这样告诫自己的族人和同盟——

殷的贵胄来到了周京，
天的心思可真没有一定。
请把殷商当作明镜，
想想怎样保住天命，
保住万邦的信任。

周人，为什么这样理智冷静？

也许，因为他们是农业民族。

泾渭之间

按照周人自己的说法，他们的始祖叫弃。

弃是个苦孩子。

跟商族的始祖契（读如谢）一样，弃也非同寻常。前者是母亲简狄吃了玄鸟蛋以后生下的，后者的母亲姜嫄或姜原怀孕则是因为踩到巨大的脚印。这就说不清是来历不凡还是来历不明，于是这孩子刚一生下来，就被母亲抛弃。

结果见证奇迹的时候到了。婴儿扔到穷街陋巷，牛马经过时都绕道而行；扔进山林，却突然出现许多砍柴人；扔在河里的冰上，鸟儿们竟成群结队来呵护他。姜嫄这才把孩子抱了回来，大难不死的小家伙也才因此得名叫弃。

差一点就死于非命的弃，在尧舜的时代担任了部落联盟的农业部长，称号后稷，跟黄帝一样姓姬，根据地在今天的陕西省武功县。为什么尧让弃主管农业呢？因为据说他是最早种谷子和麦子的人，后来还被人们尊为农神。[4]

弃，是三四千年前的“袁隆平”。

这当然是传说。其实弃是一个实在的人名，还是部族的族名，恐怕都不清楚。但要说周族重农，则不成问题。周的甲骨文和金文字形，就是一块农田。事实上，夏商周能够轮流坐庄，先后成为先进文化的代表，是因为有先进的生产力撑腰：夏有水利技术，商有青铜技术，周有农业技术。

周，是一个农业民族。

然而到夏文明衰落时，周人却很奇怪地放弃本行，把自己变成了游牧民族，“奔于戎狄之间”，直到公刘的时代才重归农业。公刘是人名，准确地说名字叫刘，头衔为公。现在看来，他应该是周人靠得住的始祖。号称公刘，则很可能是证明这时他们已经建立了部落国家。

公刘之后若十代，是公亶父（亶读如胆）。公亶父不能称为古公亶父。他的名字是亶父，公也是头衔。此人后来被追认为“太王”，有三个儿子，老大太伯和老二虞仲据说是吴国的始祖。老三季历接班，被称为公季或王季。季历的儿子就是周文王，文王的儿子则是武王。[5]

历史地位	姓名	称号	关系
传说的始祖	姬弃	后稷	姜嫄之子
创建部落国家者	姬刘	公	传为弃之后
迁至周原建立周国者	姬亶父	公，太王	传为公刘之后
发展壮大周国者	姬季历	公季，王季	亶父三子
准备推翻殷商者	姬昌	文王	王季长子
实施推翻殷商者	姬发	武王	文王次子

当然，所谓公刘的时代重归农业，也可能是周人的粉饰之词。实际情况，是之前他们文化落后，不被看作诸夏，而被看作戎狄。但不管怎么说，到公亶父时，他们迁到了岐山之下的周原（今陕西岐山），族名也开始叫周。

周原可是个好地方。

说起来周原也是“美索不达米亚”，即“两河之间”。这两条河，就是清浊分明的泾水和渭水。这里土地肥沃水草肥美，据说就连野菜都是甜的，猫头鹰叫起来都像唱歌。[6]

移民到这里的周族，开荒种地，也放牧牛羊。《诗·小雅·无羊》这样唱道——

谁说你没有羊？
三百只喜洋洋。
谁说你没有牛？

七尺长九十头。
你的羊来了，
角和角挤在一起；
你的牛来了，
大耳朵摇来摇去。[7]

其实，早在公亶父之前三四百年的公刘时期，周已俨然农业大族。公刘是带着族民迁徙过的，但那显然是为了发展壮大开拓进取。所以，他只带走了部分族民，还有一部分留在原地。留在原地的做了安顿，打算迁徙的则做了充分的准备。《诗·大雅·公刘》这样唱道——

不安于现状，
不安于小康。
划清田界，
装满谷仓。
备足干粮，
背起行囊。
干戈斧钺，
全副武装。
我们这才奔向远方。[8]

呵呵，他们是不会贸然行事的。

这是典型的农业民族风格。

是的，农业生产周期长，劳作苦，收获又没有保证。不违农时是必需的，精耕细作是必需的，费心费力也是肯定的。然而秋收时节的一场暴雨或冰雹，便前功尽弃，颗粒无收。那个时候，可真是叫天天不应，哭地地不灵。

这就不能不忧患，不能不理性，也必须精打细算，未雨绸缪。总之，农业民族不可能像商业民族那样放开手脚：既敢一掷千金，又能一本万利。

因此，一直在内陆腹地春耕夏耘的周族，不会像来自渤海岸边又把生意做到世界各地的商族，披着海风，带着贝壳，靠着青铜器和甲骨文，沉醉于科学、技术、预言和政治化巫术，把自己的文明演绎得浪漫而神奇，诡异而绚烂。

商与周，就像泾水和渭水。

这两种文明的风格差异，甚至表现于他们对待神祇和祖宗的方式——商人请神喝酒，周人请神吃饭。所以，商的礼器多为酒器，周的礼器多为食器，这已被考古发现证明。

呵呵，商的祭坛酒香四溢，周的神殿五谷丰登。

不难想象，周人的祭祀仪式也要庄严肃穆得多。他们会严格按照礼制的规定，摆放好煮肉的鼎和盛饭的簋（读如

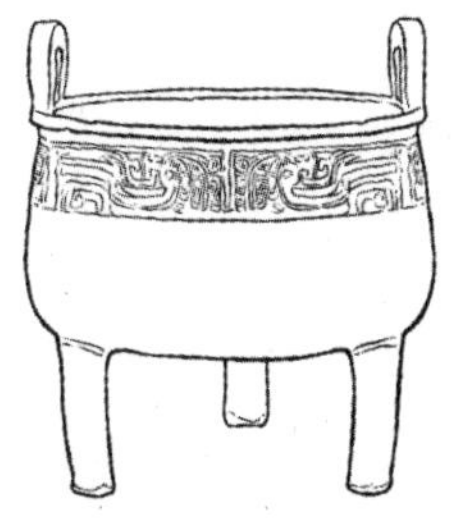

◎ 剌鼎（西周）

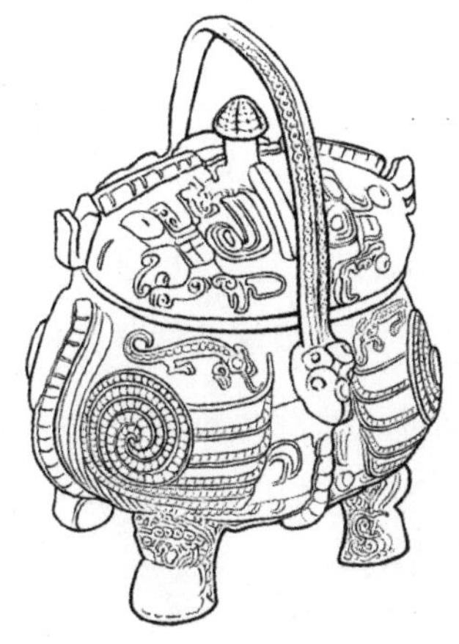

◎ 鸷鸟卣（商）

◎ 夔纹簋（西周）

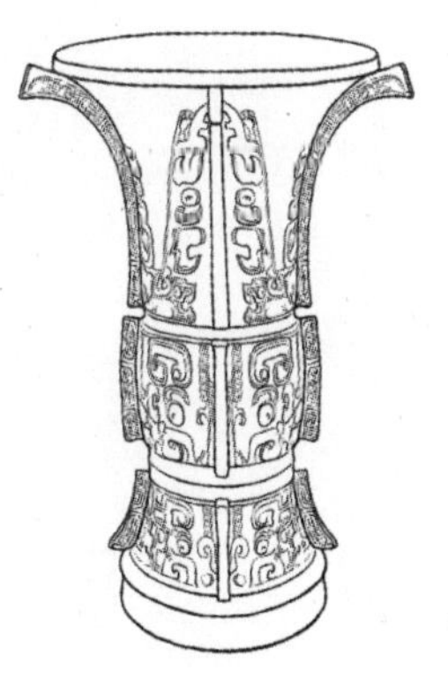

◎ 隹父癸尊（商）

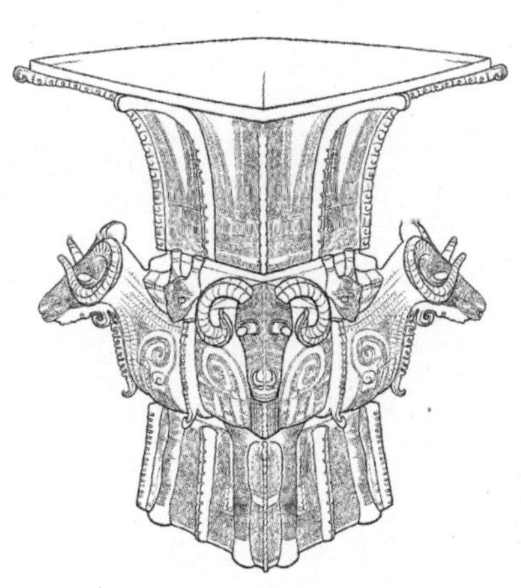

◎ 四羊方尊（商）

鬼），在钟鸣声中默默与神共食，绝不会像商人那样觥筹交错，灯红酒绿，纸醉金迷，最后变成步履蹒跚的裸体舞会。[9]

哈！商人是酒鬼，周人是食客。

尼采说过，希腊艺术有两种精神，即酒神精神和日神精神。前者又叫狄俄尼索斯精神，即感性精神。后者又叫阿波罗精神，即理性精神。感性和理性的统一，是希腊文明的秘密所在，也是这种文明不朽的秘密所在。[10]

中华文明也一样，商就是我们的狄俄尼索斯，周则是我们的阿波罗。所以，商灵性，周理性；商浪漫，周严谨；商重巫官，周重史官；商重鬼神，周重人文。只不过到西周以后，周文化便成了主旋律，商传统则变成亚文化，只能在南方地区和少数民族那里若隐若现。因为文明的底色连同我们民族的历史和文化心理，都将被周人刷新。

农村包围城市

周人开始打商的主意，大约是在迁到岐下的时候。

这是周人自己说的。他们说：后稷之孙，实维大王；居岐之阳，实始翦商。大王就是太王，即公亶父，也有学者认为是文王之父王季。如果前说成立，那么，他们刚从部落变成部落国家，就耗子腰里别了杆枪，起了打猫的心思。[11]

然而考古学的发现和史学家的研究都证明，周的政治力量、经济力量和军事力量，其实跟商相距甚远。商在当时是地大物博的超级大国，周则不过占据了泾渭流域一片狭窄的谷地。除发明了剑以外，武器装备也没什么过人之处。他们凭什么挑战殷商的权威，又靠什么最终获得成功？[12]

经营和谋划。

第一步是笼络友邦。

友邦包括诸羌和诸夏，代表分别是羌族的姜，夏族的召（读如绍）。周是以夏族自居的。他们与召族都姓姬，与姜族则是婚姻关系，弃的母亲就是羌族女子姜嫄。以后，姬姜世代通婚。亶父之妻是太姜，武王之妻是邑姜，西周天子更每隔一代就有一位姜姓的王后。姬周与姜，亲如一家。

相反，羌族跟商则是死敌。卜辞中经常提到，商人俘虏了羌人，就用来做献祭的牺牲品。这是不能不让姜族恨之入骨的。所以周初三公，就是周公、召公和姜的太公。太公望是太师，周公旦是太傅，召公奭（读如是）是太保。

他们也都是炎黄后代，因为炎帝姓姜，黄帝姓姬。

◎ 凤雏甲组建筑复原图

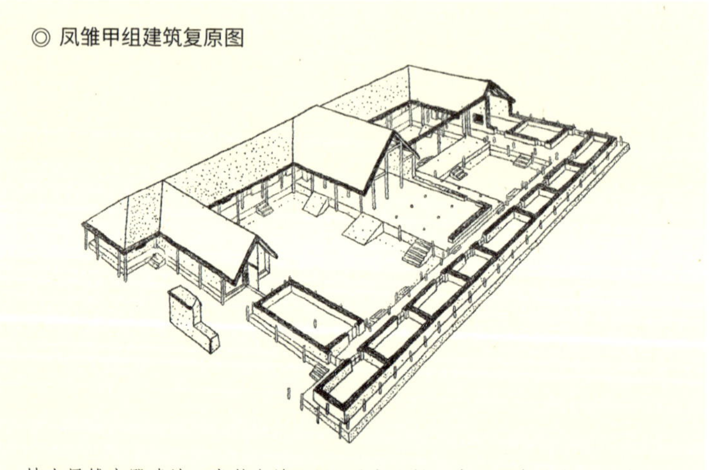

岐山凤雏宫殿遗址，房基占地 1469 平方公尺，东西厢各八室，经碳十四测定可知始建年代是商末期。岐山一带为公亶父以来周人的核心活动范围，所以据此遗址依稀可见公亶父统治的岐下景象。

第二步是经营南国。

这里面也有一系列的动作，包括周族和召族向南发展为周南和召南，也包括在江汉平原建立据点。此外还有东南吴国，开国君主是文王的两个伯父。他们跑到吴，据说是为了让位给文王的父亲季历。现在看来，说不定倒是太王亶父派出去的，目的是要抄殷商的后路。

周人的布局，稳扎稳打，步步为营。

羽翼丰满的周人开始实施第三步，这就是大挖墙脚。

事实上，文王号称西伯，成为商西霸主后不久，就毫不客气地灭了商的若干附庸国，比如密（甘肃灵台）、黎（山西上党）、邘（河南沁阳）、崇（陕西西安）。灭崇以后，他们还把那地方变成了自己的前线指挥部，叫丰邑。

这就几乎到了商的大门口，而且南、北、西三面，都是周的势力范围或者同盟军，正所谓“三分天下有其二”。当然，这三分之二的天下，主要是农村。作为农业民族，也作为后起之秀，周人只能在商王鞭长莫及的农村做文章。物质财富、人力资源和精锐部队，仍然集中在城市，在商王的手里。

农村包围城市，能成功吗？

难讲。而且一旦失败，弄不好就是灭顶之灾。

周人不能不忧患。

也就在这时，他们完成了《周易》一书。古人说它是文王的作品，这当然既无法证实，也无法证伪。但说《周易》产生于殷周之际，作《易》者“其有忧患”，是不错的。因为《周易》的核心思想就是“变”，主要内容则是六十四卦的演变。那么，你怎么知道老天爷变不变卦？[13]

然而历史常常会有惊人之笔，事情的发展和变化也比人想象的快。就在周人从西、北、南三面包抄殷商时，东边的夷族也揭竿而起。东夷动手比西周早，殷纣王当然要先对付他们。蠢蠢欲动却按兵不动的周，便被放在一边。

结果，殷商虽然获胜，却实力大损，元气大伤。战败的夷人也心存怨恨。因为按照惯例，他们被俘后不是变成奴隶做牛做马，便是变成祭坛上的人肉包子。

周武王的机会到了。

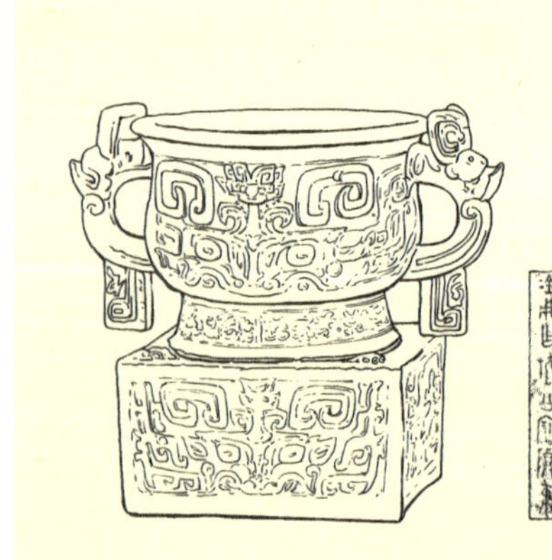

◎ 利簋

1976年陕西临潼零口镇出土。腹内底有铭文四行三十二字，大意为：甲子之朝，武王征商获胜。八天后武王在阑地军中，赏赐功臣右史利青铜，利就用来铸造了这尊祭祀亶公的礼器。

武王信心满满。在多国部队的誓师大会上，他把握十足地对联军将士们说：团结就是力量。别看“受”（殷纣王）有亿兆夷人，没有一个跟他同心同德！[14]

事实证明，正是如此。

我们不知道武王爱不爱读书，更不知道出兵前他有没有读过他父王的遗著。如果他读了《易》，也许会在乾卦下面看见这样一句话：飞龙在天，利见大人。意思是：龙高高地飞翔在天上，有利于大德之人出来平治天下。[15]

是时候了，干吧！

新政权面临危机

胜利还是来得太快。

突如其来的胜利让周人有点措手不及。好在他们头脑清醒，很快就认清了形势，找到了对策。

且看天下大势。

当时的天下，大约有相当多的族群。商，就是由他们组成的松散联盟。商王国是其盟主和核心，成员国则有的死心塌地，有的口是心非，有的离心离德，有的图谋不轨，更有并不加盟的散兵游勇在外观望，并蠢蠢欲动。现在周人把盟主干掉，蒜头就变成了蒜瓣，不难想象天下会是什么样子。

何况这些族群也五花八门。中原地区是诸夏，西部地区是诸羌，东有东夷，北有北狄，南方则有百濮和群蛮。其中有部落国家，也有部落和氏族，他们对待商和周的态度也五花八门。有的亲商，有的亲周，有的摇摆，有的独立。只有一点是相同的：没有一个会是修道院里的百合花。

更何况，即便是周的同盟者，也有一个在战后“按劳取酬，坐地分赃”的问题。这些同盟军和附庸国参加战斗，当然也都有各自的原因。有的是要报仇雪恨，有的是想趁火打劫，有的早就摩拳擦掌，有的不过随波逐流。但认为胜利之后应该分一杯羹，则人同此心。

不过当务之急，还是对付殷商。

事实上，所谓武王伐纣成功，只是端掉了殷商的总指挥部。战败的商人除一部分退到辽东半岛和朝鲜半岛外，大部分残余势力仍然散布中原盘踞淮岱，随时准备卷土重来。[16]

这就不可不防。周人的办法则是分而治之。武王先是为殷商遗民建立了一个傀儡政权，君主是纣王的儿子武庚。然后，他又把商的国土分为三块，分别派自己的兄弟管叔、蔡叔和霍叔各率一支部队进行监视，号称“三监”。[17]

如此双管齐下，应该靠得住了吧？

然而恐怕就连武王也没有想到，他一死，傀儡武庚和东方的部落国家，一个个全都反了。而且挑头的，居然就是派出去监视殷人的那三支部队。

这在历史上，就叫“管蔡之乱”。

新生的西周政权，面临巨大压力和严重危机。

当然，叛乱最终被周公、召公和太公之子联手平息。武庚和管叔被杀，蔡叔和霍叔被流放，参加叛乱的殷商贵族则被称为顽民或殷顽，被周人视为重点防范对象。此后，周公又连哄带骗把他们弄到洛阳，住进新城成周，进行集中管理和思想改造，并在成周西边三十里新建王城，作为周的东都和前线指挥部，这才算是“宝塔镇河妖”。

忧患是有道理的。

更可贵的是理性和冷静。

实际上，无论是武王伐纣，还是周公平叛，胜利了的周人都没把殷商贵族当战俘。既没给他们戴上镣铐关进地牢做奴隶，也没把他们当亡国奴。武庚被杀后，周人又把殷的旧都商丘封给了纣王的庶兄微子启，国号叫宋，待遇是最高一级的公爵。那些不愿意臣服于周的，则任其远走他乡。其中有一部分，据说跨过白令海峡到达美洲成为印第安人的先祖。

为殷顽筑建的成周，也不是德国纳粹的集中营。住在那里的殷商贵族，仍然保留自己的领地和臣属。被赋予监视殷顽任务的卫侯康叔，则被告诫要延续商的法律，重用商的贤人，尊重商的传统，包括以宽容的态度对待其饮食习惯。比如周人群饮，就杀无赦；商人酗酒，则网开一面。

这实在堪称优待俘虏。

西周统治者，难道是观音菩萨？

当然不是。

实际上他们这一套，不过是怀柔政策，甚至说不定别有用心。比如放任商人酗酒，就有“任其吸毒”之嫌。但在周公之子建立的鲁国，殷商遗民甚至可以有自己的祭坛，叫亳社（亳读如博）。亳社与周社是并尊的，周人对亳社也一直客客气气恭敬有加，这难道还不算开明？

恐怕要算。

不是天性仁慈，也未必用心险恶，那么，周人为什么要这样，又为什么会这样？

忧患。

天命与授权

伯禽就要去曲阜了，他向父亲周公姬旦辞行。

曲阜是鲁国的国都，鲁国是周公的封国。他的封地原本在今天河南省的鲁山县，所以叫鲁。只是由于后面将要讲到的战略原因，成王时期移封到今天的山东省曲阜市，但国名不变。周公要留在王国摄政，也只好让伯禽去山东。[18]

结果，姬旦一族便实际上有了两个封国。一个是周公本人的，封地在周原，世袭公爵。所以姬旦去世后，也仍然有周公，只不过主要任务是辅佐周王。另一个则是姬旦长子伯禽的，世袭侯爵，是远在山东的半独立主权国家。

那时山高路远交通不便，伯禽一去很难再回，周公也不能不有所教诲。于是他问伯禽：你看我身为文王之子，武王之弟，现任周王之叔，地位不低吧？

伯禽答：是。

周公说：但是你看我，只要听说有人求见，哪怕正在洗头也握着头发跑出来，正在吃饭也来不及把饭咽下去。像这样"一沐三捉发，一饭三吐哺"，知道是为什么吗？

伯禽说：请父亲训示。

周公说：我是时时警惕，不敢怠慢呀！[19]

奇怪！叛乱不是平息了吗？他还忧虑什么？

人心不服。

事实上，正是武庚和三监的反叛给周公敲响了警钟。他很清楚，新政权不可能建立在一夜之间，单凭武力也难以服众，哪怕再加怀柔政策。是啊，周作为蕞尔小邦，凭什么说当老大就当老大？再说了，周以远逊殷商之国力，居然一战而胜。这样的胜利，保得住吗？这样的政权，靠得住吗？

难讲。

其实不要说别人，周人自己恐怕也犯嘀咕。这就需要解释，需要说明，需要论证，需要用令人信服的说法，从思想上和理论上回答和解决两个重要问题。

哪两个问题？

革命的合理性，政权的合法性。

这是不能不想，也不能不答的。要知道，这事直到战国和秦汉，也仍然有人质疑。齐宣王就问过孟子，儒道两家也在汉宣帝时辩论过。以今度古，在西周政权未稳之时，岂能不议论纷纷？作为当事人，周公他们又岂能置之不理？

周人坦然作答。

摄政的周公，辅政的召公，都在说。[20]

答案却只有一个——天命。

天命不是运气，而是授权。天命玄鸟，降而生商，就是说皇天上帝派玄鸟为天使，赋予商人以历史使命。

由此获得的权利叫“居中国”，权力则叫“治天下”。居中国是代表权，可以代表华夏文明；治天下是统治权，可以治理华夏民族。很清楚，治天下的前提就是居中国。[21]

居中国，为什么是前提呢？

因为按照我们民族对世界的看法，高高在上的天就像穹庐一样笼罩四野，所以全世界就叫“普天之下”，简称“天下”。圆溜溜的天扣在正方形的地上，多出的四个地方东西南北各一个，叫“四海”。天下就在这“四海之内”，简称“海内”。四四方方的“地”画两条对角线，交叉点就是“天下之中”。在那里建设的城市和政权，就叫“中国”。

天下之中的“中国”，对应着天上之中的“中天”，因此是正宗、正统、正规。夏商周（包括后世）都要“居中国”，争夺的就是“正”。正，意味着联盟的老大或王朝的君主已得“天心”，是当之无愧的天之骄子，简称“天子”。

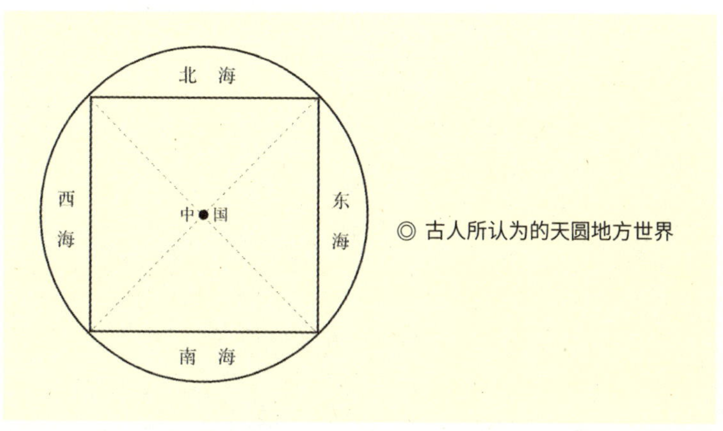

◎ 古人所认为的天圆地方世界

但，更重要的是获得授权。没有皇天上帝的授权，就不可能居中国，或者居了中国也会被赶下去。因为居中国的权利也好，治天下的权力也罢，可以授予就可以收回。授权就是天命，收回就是革命，即“革除天命”。商汤灭夏桀，就是“商革夏命”；周武灭殷纣，则叫“周革殷命”。因此，武王伐纣是合理的，西周政权是合法的。[22]

受天命则居中国，居中国则治天下，有问题吗？

有。

偷天换日

不可否认，周人的这套理论，确实逻辑严密、条理清晰、简单明了，因此说起来振振有词，听起来头头是道。但当真要质疑也不难，而且只要问一个问题就行了：受天命而居中国的原本是殷商，为什么你们周人也能如此？

周公的回答是：周虽旧邦，其命维新。

呵呵，原来上天更新了授权。

好，就算是吧！但，殷商固然其命已旧必须淘汰，可以维新的旧邦却其实很多。那么，凭什么实施革命和获得授权的不是别人？除非周与殷商有特殊关系。

于是，一个弥天大谎被编造出来。

谎言的著作权人和制作时间已无从稽考，但其人其事应该不晚于春秋，而使之成为“信史”的则是司马迁。按照这个谎言，周的始祖弃和商的始祖契是同父异母兄弟，因为弃之母姜嫄和契之母简狄，都是五帝之一帝喾（读如酷）的女人，而且姜嫄还是正妻，简狄则是次妃。他们甚至与夏也有关系。因为禹之父是鲧，鲧之父是颛顼（读如专需），而帝喾是颛顼的侄子。至于老祖宗，则是黄帝。[23]

◎ 司马迁认定之周人编造的夏商周谱系

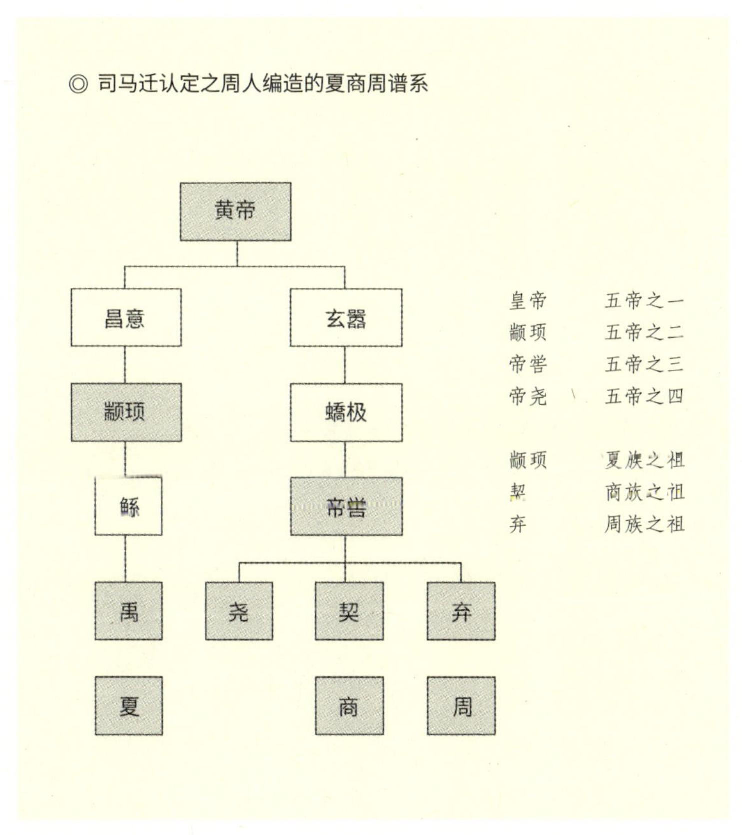

呵呵，都是炎黄后代，得志不分早晚。

这当然是靠不住的。因为周族发祥于西戎，商族则起源于东夷，怎么可能有同一个父亲？正妻和次妃的观念也要到很久以后才有。所以这故事多半是周人编出来的，目的是想证明周人代商合情合理合法，而且自己还更高贵。

可惜明眼人一看，就知道那谱系是胡扯。

何况商人毕竟是有玄鸟来授权的，周有吗？没有。只有一个来历不明的巨大脚印。这就比人家的“天命玄鸟，降而生商”差远了，弄不好还只能证明弃是私生子。

事实上恐怕也是。我们在《祖先》一卷中说过，远古时代人们在婚前享有充分的性自由。为了保证世袭的财产由亲生子继承，便有了杀首子或者抛弃第一个儿子的习俗，弃的传奇故事则不过是这一习俗的真实反映而已。

显然，只说皇天上帝改了主意，另外选择一个儿子是不够的；说武王伐纣时文王就站在上帝的旁边，恐怕也是没人信的。必须证明世界非变不可，而且确实换对了人。[24]

这个要求非常合理。

周人当然最终证明了这一点，但这需要时间和过程。包括前面说的那一整套理论，都既不是周公一人提出，也不可能在短时间内完成。唯一可以肯定的是，在建国之初，他们需要一个既能安身立命又能左右逢源的方案。因为周人既要延续殷商代表的“中国传统”，又要与之划清界限。

延续传统的办法是“居中国”，划清界限就只能考虑“受天命”。那么，同为合法政权，周与商有什么不同？

商王是“神之子”，周王是“天之子”。

的确，商和周都讲“天”，但态度不同。周人对天是崇敬和感激的，《周易》的人生观就是“天行健，君子以自强不息”。商人的态度则是仇恨和揶揄的。他们甚至有一种仪式或游戏，就是用皮口袋盛血，高高挂起再一箭射穿，叫“射天”。这可是纣王之前好几代的事，应该能代表商文化。[25]

商和周也都有上帝，但含义不同。商人的上帝，似乎就是他们的祖宗帝喾。他们对“帝”的理解，也只是取其“缔造者”的本义。只不过，因为祖宗已经宾天，所以是“上帝”，即天上的帝。现任商王则是“下帝”，即人间的帝。这样的上帝当然偏心眼，只保佑商人，甚至只保佑商王。殷商成为顽劣的儿童，最后众叛亲离，这恐怕是原因之一。

周人的上帝则是自然界，即笼罩四野的天。天，高高在上，默默无言，但明察秋毫，洞悉一切。谁好谁坏，天都看得一清二楚，这才有天命和革命，授权和收权。更重要的是，天是“万民之神”，公正无私，不偏不倚，天下人都是天的子民。天来为人民选择君主，不是比“帝”选得好吗？

答案几乎是肯定的。

那好，周天子就是万民之神选出的万民之主。他岂止有资格居中国，简直就该做世界王。

这可真是“偷天换日”！

是的，偷来天下共有的“天”，替换殷商专享的“日”。

没人知道，这究竟是周人的老谋深算，还是他们的灵机一动。也许，是既有谋划又有灵感吧！毕竟，忧心忡忡的他们少年老成，是“早熟的儿童”。只不过这样一来，从国家制度、社会制度到文化制度，也都要革故鼎新。

新制度取代旧制度，新文化取代旧文化，势在必行。[26]

跟随太阳神鸟从东方进入中原的殷商民族，当然想不到这一天。就连来自西方的周人也不会想到，他们跟着旧世界的太阳走，却走出了一片新世界。

这一回，太阳真的要从西边出来了。

第二章

定音鼓

礼乐在商是仪，在周是制。
周公的选择是延续美德，保住天命。
以礼维序，是西周社会的定海神针。

西边的太阳升起来

殷纣王自焚后，周武王就举起了白旗。[1]

想当时宫中的火恐怕还没扑灭。那熊熊烈火和滚滚浓烟之中，一面白旗高高飘扬，该是怎样惊心动魄的画面！

难怪所有人都放下武器，开始行礼。

武王当然不是要投降，这时的白也还不是投降色，而是殷商之所崇尚。据说，正如后来阿拉伯帝国三个王朝，伍麦叶（Umayyah，旧译倭马亚）尚白，阿巴斯（‘Abbāsids）尚黑，法蒂玛（Fātima）尚绿，中国上古那三代也都是有主色调的：夏尚黑，商尚白，周尚红。武王举起白旗，是为了显示他已经接手殷商代表中国，之后则红旗飘飘。[2]

当然，前提是尚红的说法属实。

周天下，也是红色江山。

而且还是“中国红”。

这就是太阳从西边升起了，却并不稀奇。周之前，炎帝就是从西边来，而且是太阳神。周之后，秦人也往东方走，而且做始皇帝。周秦汉唐，政治和文化中心一直在西边，太阳也都是由西往东移。这才有西周和东周，西汉和东汉，西晋和东晋。但无一例外，西在前，东在后。

只不过，晋移得远了点。

唐以后，则是南北移动。宋虽然定都开封，却有四个京府：东京开封府、西京河南府（洛阳）、南京应天府（商丘）和北京大名府（今河北省大名县）。南宋则还有陪都杭州临安府，可见“中国”也可以南移。直到元明清，才算坐北朝南不再移动。朱元璋的定都南京，只是小插曲。

显然，这里说的“中国”完全不是地理概念，而是政治概念和文化概念，并且主要是文化概念。因为只有延续华夏文明或中华文化政权，才有资格自居中国，不管在西边还是东边，南方还是北方。如果是外族入主中原，则一要天下一统，二要变夷为夏，否则是没人认账的。

两大条件，第二个更重要。第一个则可打折，半统天下也行。因此，匈奴人的汉或前赵等等只能叫五胡，鲜卑人的北魏、契丹人的辽和女真人的金，便都算正式王朝，元和清当然更是。因为他们虽非汉族政权，却是文化中国。

文化中国，是周的遗产。

的确，中华文明的底色和基调，是周人奠定的。周以前，从三皇五帝到夏，都是摸索；商，则是我们民族少年时代的顽皮和撒野。周以后就成熟了，也变得沉稳。国家制度，辛亥革命前只变了一次，时间在战国到秦汉。社会制度和文化制度，则从西周一直延续到明清，这就是宗法制度和礼乐制度。前者以小农经济为基础，后者以纲常伦理为核心。正是它们，决定了我们民族及其文化和文明的精神气质。

更重要的是，由于20世纪以前，社会制度和文化制度是基本不变或者精神不变的，中华民族的历史便表现出惊人的延续性和连贯性。正如一位西方史学家所指出，过去世界上多数地方的兴衰更替，不但是王朝更是整个文明。一种文明湮灭了，另一种文明在原地建立并兴盛起来。结果，便没有任何一个现代西方国家是那些古老文明的直系子孙。

相反，中国虽然也有改朝换代的事情发生，它的历史却像家史一样，可以通过单一线索由近及远。显然，这位西方学者的观察是到位的，原因则在于周人完善了从夏代开始的家国体制。正如后面将要讲到的，他们干脆把天下变成了可以更换家长的大家庭，周武王举起殷商的白旗就是象征。[3]

西周，是中华文明的定音鼓。

周人，是中华文明的奠基者。

但在世界范围内，周制度和周文化却又是特例。

特殊显而易见。正如我们在《国家》一卷中所说，除了民主制的希腊是个异类，世界各民族都选择了君主制，也都以君权神授为通例。巴比伦国王汉谟拉比（Hammurabi）便自称“天神的后裔”，阿卡德（Akkad）国王则干脆称自己就是神，更不用说太阳神的儿子埃及法老了。[4]

周人却说“君权天授”，岂非出格？

那么，天授与神授，有区别吗？

有。神授是宗教性的，天授是伦理性的。

事实上，周人的天，不是超自然超世俗的存在，比如基督教的上帝；更不是人格神，比如埃及的荷鲁斯或殷商的帝喾。它就是自然界，同时又是伟大的人或天大的人，是人的父母，而且这伟大的父母还是天下人的，全人类的。唯其如此，它才会对人类社会表现出人文关怀。

如此与众不同，难道不是太阳从西边出来？

西边升起的太阳惊人地持久。君权神授的埃及，被其他民族灭掉了；君权神授的观念，在欧洲被颠覆了。唯独中国的君权天授，在民主潮流席卷全球之前三千年延绵不绝。此间所有的天子，都自称奉天承运。没人对此表示怀疑，也没人认为可以不要皇帝。唯一可讨论的，是那皇帝获得天命的真实可靠性；可做的，则是用真天子替换假皇帝。

真命天子，似乎是大家都需要和可接受的。

这恐怕同样要拜周人所赐。事实上，天子的概念就是他们发明的，君权天授的观念更是他们建立的。而且，由于周人的“红色江山”曾经长治久安，以至于后人丝毫都不怀疑一个“世界性君主”的必要性，哪怕只是象征性的。[5]

那么，这里面难道没有玄机？

当然有。我们知道，美索不达米亚（Mesopotamia）、埃及和华夏这三种第一代文明中，最乱的是两河流域。苏美尔（Sumer）、阿卡德、巴比伦、亚述（Assyria）、迦勒底（Kasdim），乱哄哄你方唱罢我登场，因为那里既有农耕、游牧和商贸多种生产和经济方式，又没有统一的神。埃及要幸运些，只有尼罗河这一条河，农耕这一种生产方式，还有统一的太阳神崇拜，因此始终只有一种文明。可惜神不如天，因此埃及和两河文明终于湮灭，中华文明却能延续至今。

更重要的是，周制度和周文化并非只是君权天授，而是一整套完整严密的体系。这套体系生于忧患，却表现出惊人的智慧，不能不让人由衷佩服，叹为观止。

那就一一道来。

不能重蹈覆辙

揭开西周帷幕的，是牧野之战。

牧野在哪里？不清楚。它可能原本是放牧的荒野，在殷都的郊外，因为此战而得名。交战双方当然是殷纣王的政府军和周武王的部落国家联军。由于殷尚白，周尚红，为了便于记忆，无妨将他们分别称为白军和红军。[6]

白军号称七十万，红军则只有四万九。这两个数字当然未必准确，但力量悬殊却可以肯定。据说，武王伐纣前还进行了占卜，结论是不吉，狂风暴雨也骤然而至。于是，几乎所有人都惊慌失色，唯独姜太公坚持。被《封神演义》之类小说描绘得神乎其神的这位老先生号称炎帝之后，其实是同盟军中羌族的领袖。他主战，武王便决定赌一把。[7]

结果怎么样呢？

牧野之战当天，殷纣王就战败自焚了。

胜利来得如此之快，当然需要解释。传统的说法是“前徒倒戈”，也就是殷纣王派出去的御敌部队掉转枪头反过来攻打他自己。不过这事有人质疑，因为“前徒倒戈”的后面还有一句“血流漂杵”。杵（读如楚）就是棒槌。纣的部队既然已经反戈一击，战争就不可能发生，怎么会血流成河，以至于棒槌都能漂起来？所以孟子说“尽信书则不如无书”。[8]

那么，前徒倒戈和血流漂杵，哪个可信？

都可信。因为以双方实力之比较，没有殷商将士的阵前起义，全胜根本就不可能。但，不会所有部队都起义，顽固派总还是有的，局部的“血流漂杵”也完全可能。

这就要问：纣王的御敌部队，为什么前徒倒戈？

当然是因为殷商人心大失。

那么，他们又为什么不得人心？

因为不把人当人，证据则是人殉和人牲。

什么叫人殉？就是活人殉葬，用人做陪葬品。什么叫人牲？就是活人献祭，用人做牺牲品。陪葬品和牺牲品原始时代就有的，但前者多为器物，后者都是动物，比如马、牛、羊、猪、狗、鸡。这些动物，养着的时候叫畜，要杀的时候叫牲，合起来叫畜牲。用于祭祀，毛纯的叫牺，体全的叫牲，合起来叫牺牲。祭祀用人牲，就是把人当动物；陪葬用人殉，则是把人当器物，都是典型的“不把人当人”。

世界上，还有这等惨无人道、骇人听闻的事？

有。比如美洲古典时代的玛雅（Maya）、特奥蒂瓦坎（Teotihuacan）和阿兹特克（Azteca）文明，便全都盛行活人献祭。方式，是先由四个身强力壮的祭司把人摔昏，然后取出跳动的心脏献在神前。阿兹特克最隆重的祭祀，大约需要两万颗这样的心脏。因此公元1487年，祭司们整整花了四天四夜的时间，才完成庆祝神庙落成的典礼。[9]

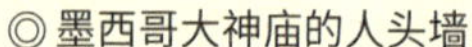

◎墨西哥大神庙的人头墙

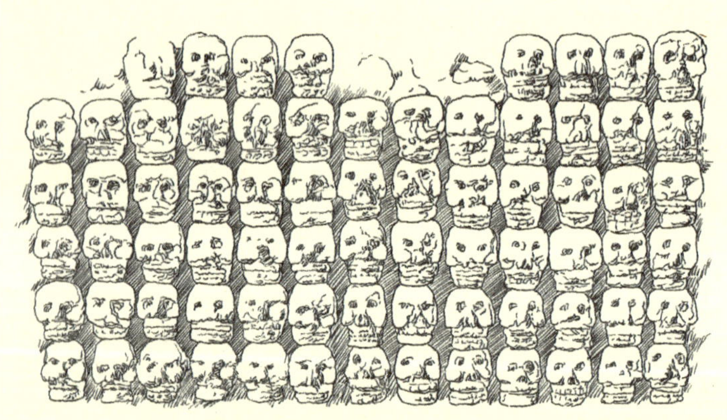

墨西哥大神庙始建于公元1325年左右，一直是加冕、献贡、祭祀和重要民间，宗教等活动场所。图中所示为大神庙的一面墙壁，陈列着涂抹过灰泥的人头骨，这些头骨多来自于战俘和人祭。

殷商的人祭，也这样吗?

也许吧！因为这些美洲人很可能就是漂洋过海的殷商遗民。活人献祭的仪式，也没准就是他们从中国带去的。至少可以肯定，殷商时代的人殉和人牲，既有文献记载，又有考古发现，铁证如山，不容置疑。

这当然不得人心。

何况殷商的祭祀极其频繁，何况送上祭坛不仅有奴隶和平民，还有贵族。因为贵族价钱更高，一个顶一万个。杀得多的当然还是奴隶，比如被俘的夷人。事实上，由于殷纣王的嫡系部队远在东方战区，临时拼凑起来对付周武王的，就是这些从来不被当作人看的战俘。他们干活时做牛马，祭祀时做畜牲，现在又拿他们当炮灰，不倒戈才怪！

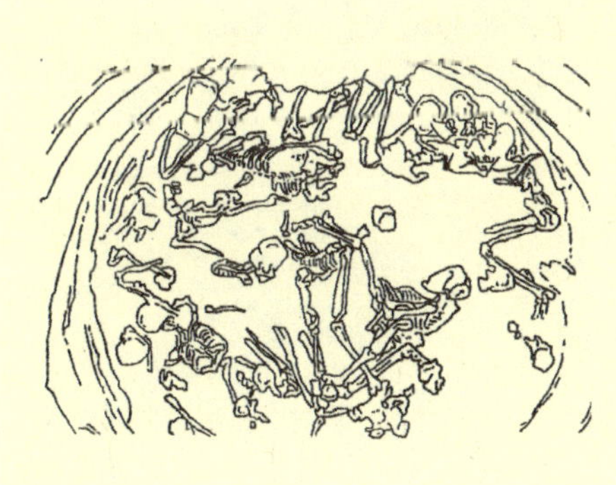

◎后冈祭祀坑

位于河南安阳高楼庄村，隶属商后期都城遗址。坑内共发现七十三具个体，分埋成三层，各层人数不一。经鉴定，所埋人骨大部分是男性青壮年及儿童，少数是青年女性及婴儿。

白军中反戈一击的，多半就是这些人。

血的教训啊！

显然，新生的政权要想长治久安，就必须吸取教训，反其道而行之。殷商垮台的原因既然是“不把人当人”，那么胜利了的周就必须“把人当人”。

一种早熟的新思想和新概念萌芽了。

这就是“以人为本”。

以人为本

以人为本，是周制度和周文化的思想背景。

周人获得中华文明的代表权后，就废除了惨无人道的人殉和人牲。当然，人牲基本废除，人殉则清代还有。这就像废除死刑，要有一个漫长的认识过程。但是周以后，人牲也好，人殉也罢，都不再具有殷商时代的正当性，只会遭到主流社会和正人君子的抵制和批评。

有两件事可以证明。

公元前641年，宋襄公与曹、邾两国会盟，要杀鄫国国君祭祀社神，一位名叫子鱼的军事法官就强烈反对。他说：用大牲口进行小祭祀尚且不可，哪里还敢用人？祭祀就像请客吃饭，哪个敢吃人肉？如此倒行逆施，会有好下场吗？[10]

遗憾的是，子鱼的反对没有成功，那个倒霉的国君还是被杀，但齐国的陈子亢（读如刚）反对人殉则大获全胜。陈子亢的哥哥死后，嫂子和管家提出要用活人殉葬，理由是老先生死在国外，生病时没能得到足够的照顾。于是陈子亢便说，最应该到阴间照顾我哥的，不就是二位吗？

结果不难想象，那两个人都不再坚持。[11]

陈子亢是孔子的粉丝，而孔子不但反对人殉，就连用俑都反对。俑（读如勇）就是殉葬用的土偶和木偶。对于这类东西，孔子深恶痛绝。他甚至说“始作俑者，其无后乎”，意思是第一个发明俑的人，大概会断子绝孙吧！[12]

奇怪！发明土偶和木偶，原本是为了代替活人。跟活人殉葬相比，应该说是进步，孔子为什么还要诅咒？

因为孔子从根本上反对人殉。

在孔子看来，人殉不仁，人殉非礼。因此，用活人不行，用死人也不行；用真人不行，用假人也不行。俑是人的替身。用俑殉葬，等于承认人殉的合理性和合法性，只不过以假乱真，是活人殉葬的山寨版。开了这个口子，活人殉葬就仍有复辟的可能，岂能不坚决抵制？

显然，这是一种原始素朴的人道主义，也是孔子和儒家最宝贵的思想。正是它，后来发展为“仁”的概念。因为“仁”的本义就是“人其人”，也就是“把人当人”。

但，这跟“君权天授”又有什么关系？

天人合一。

作为明确的概念和系统的理论，“天人合一”的观念产生于西汉，但萌芽应该很早就有了。实际上，甲骨文和金文的天，原本就是人。字形，是一个正面而立大写的人，头上一个圆圈，或圆点，或横线。所以，天，原本指人的脑袋，也就是天灵盖，后来才引申为苍天，再后来才引申为老天爷。

天，就是人。

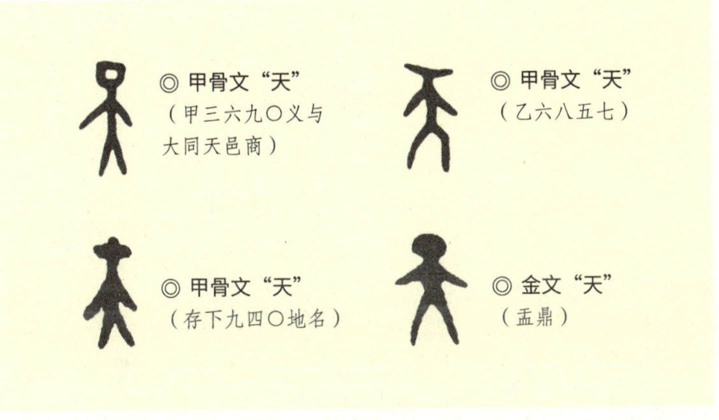

◎ 甲骨文“天”（甲三六九〇义与大同天邑商）

◎ 甲骨文“天”（乙六八五七）

◎ 甲骨文“天”（存下九四〇地名）

◎ 金文“天”（盂鼎）

更重要的是，天的授权（天命）是看人心的，叫“天视自我民视，天听自我民听”。武王在伐纣的誓师大会上曾这样说：天是“万物父母”，人是“万物之灵”，所以天意就是民意。老百姓拥护谁，天就授权给谁；老百姓憎恨谁，天就革他的命。殷纣王自绝于天，结怨于民，他死定了！[13]

武王当真说过这话吗？

可疑。

这套说辞，十有八九是后人编出来的。但编造者也是周人，因此仍然可以看作周的思想。而且，类似的说法在周人的著作中频频出现，总不能说一点依据都没有。更何况，就算是编的，也编得好！因为按照“天视自我民视，天听自我民听”的逻辑，君权天授已经被偷换为“君权民授”了。

这是“伟大的谎言”。

由此产生的，是孟子的“双重授权”论。孟子的学生万章曾经问他：舜得到天下，是谁的授权？

孟子说：天。

万章问：上天可怎么授权呢？谆谆教诲吗？

孟子说：天不说话，用事实来说明问题。比如天子主持祭祀，神祇都享用，这就是天接受了他。主持工作，老百姓都很满意，这就是民接受了他。天和民都接受，他就是合格也合法的天子。所以天子的权力是“天与之，人与之”。[14]

这是“聪明的说法”。

但问题也接踵而来。是啊，就算政权来自天与民的双重授权，天也好，民也罢，为什么要授权给周呢？

周人的说法，是他们的君王有德。

以德治国

周王有德吗？据说有。

在两周文化人的笔下，他们的先君和先王都是谦谦君子和道德楷模，从来就宽厚仁慈，勤政爱民，礼贤下士。比方说，每年春耕，周君都要在田间地头举行“馌礼”（馌读如叶），表示亲自送饭给农夫。诸如此类的说法不胜枚举，依据恐怕也是有的，周的史官和诗人毕竟不是纳粹德国的宣传部长戈培尔。何况即便是做秀，也比商王的鞭子好。

结果天下归心，“大国畏其力，小国怀其德”。这话其实很实在。没有力，只有德，是得不到天下的。周人的聪明，就在他们两手都用，而且用得智慧。对大国，他们示威，大国就不敢作对；对小国，他们示柔，小国就甘愿附庸。统一战线如此广泛，可不就“三分天下有其二”？[15]

显然，周人不但有力，而且有智。事实上，对于武王伐纣的胜利，当时就另有说法：殷纣王讨伐东夷损失惨重，周和同盟国则遭遇了灾年。也就是说，周武王其实是乘人之危并利用了饥饿的力量。但是后来做总结，就只说德。[16]

德，成为上天授权的标准。

后面的结论也顺理成章：以德得天下的，也必须以德治天下，否则就会跟殷商一样自取灭亡。

这是周人几乎要天天讲、月月讲、年年讲的道理。周公就一而再，再而三对子弟和同仁们说：我们是“小邦”，根本就没资格“居中国”，也不敢“革殷命”。现在天地翻覆，完全由于皇天上帝“改厥元子”，不认商王认周王。为什么呢？就因为纣王失德，而我们的文王和武王有德呀！这跟当年夏桀失德，商汤革命，是一样的呀！

这个道理，直到西周晚期还在讲。陕西岐山出土的青铜器“毛公鼎”铭文，就说皇天上帝对文王和武王的美德大为满意，这才让我“有周”匹配上天。难怪周公说，我们的选择只有一个，那就是延续文王的美德，才有可能保住天命。[17]

诸如此类的话，周公对召公奭说，也对康叔封说。

康叔封就是武王和周公的同母弟弟姬封，排行老九。管蔡之乱后，周公把武庚的人民一分为二，组建成两个新的国家。其中一个给了纣王的庶兄微子启，国号叫宋，公国；另一

◎ 毛公鼎铭文

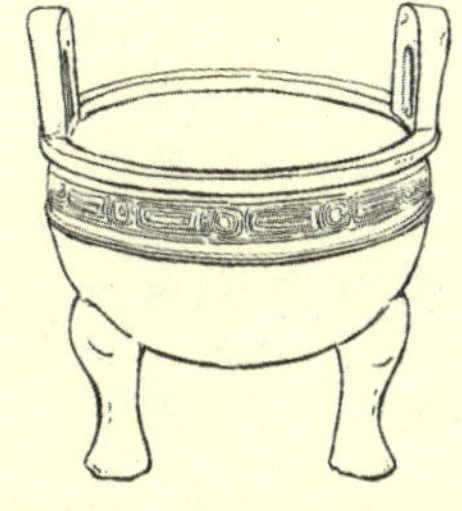

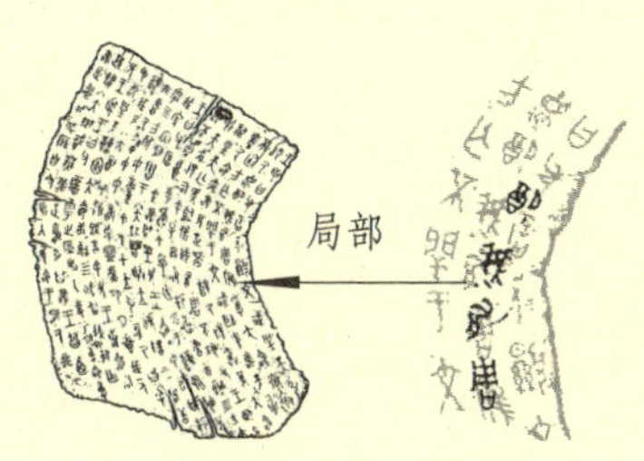

1843年陕西岐山出土。鼎高53.8厘米，口径47.9厘米，因作器人毛公得名。鼎内铭文多达四百九十九字，书法为成熟的西周金文风格。铭文第一句就是“父歆，丕显文武，皇天引厌劂德，配我有周”。

个则给了康叔封，国号叫卫，侯国。

卫和宋，其实就是殷和商，是古代殷商二字的音变。可见康叔封的任务，就是要把殷人改造成周人。[18]

康叔封任重道远。

于是周公发表《康诰》，语重心长地对康叔封说：我亲爱的弟弟，年轻的封啊！你要小心翼翼，你要谦虚谨慎，你要戒骄戒躁呀！天命是无常的，天威是可怕的，人民群众的眼睛也是雪亮的。他们天天都在看着你，看你能不能遵循父王的传统，弘扬父王的美誉，继承父王的遗志。那些小人是很难搞的。你得把别人的病痛，当作自己的病痛才行啊！[19]

周公旦语重心长。

毫无疑问，周公旦、召公奭、康叔封，都并非天生的道德楷模。他们的德，其实是逼出来的。只不过，他们没有被“逼上梁山”，而是被“逼上圣坛”。

哈哈，这就对了！

实际上，道德与其说是一种品质或境界，不如说是一种智慧。说白了，它只是在“通过损人来利己”和“通过利人来利己”之间，做了明智的选择，是“聪明的自私”。但这种聪明的自私，对自己、对别人、对社会都有利，这才成为全人类共识。周人的独到之处，则只是在新政权诞生之际，把它变成了治国理念和施政纲领。

又一种早熟的新思想和新概念也萌芽了。

这就是“以德治国”。

从逻辑上讲，这是顺理成章的。是啊，既然“君权天授”，当然要“以德配天”；既然“以人为本”，当然要“敬天保民”。但这在世界上，却是独一无二，闻所未闻。世界各文明古国，有宗教治国的，有法律治国的，更有兼用宗教和法律的，当然还有只靠个人魅力的。以德治国？没听说过。

德，真能治国吗？

如果能，怎么治？

看得见的力量

以德治国，也许来自周人的灵感。

没错，德这个字，殷商就有了，是甲骨文，并屡屡见于卜辞。它的字形，是路口或路上一只眼睛。意思也有两个。一个是“视线很直”，所以德通直，也读“直”。另一个是“看见了什么”，所以德通得，也读“得”。在卜辞中，它还被借用来表示得失的失。有得就有失，有治就有乱。所以在古文字和古汉语中，得失治乱，都可以是同一个字。[20]

很好！文化密码，就在于此。

的确，德，首先是得与失。周公他们要考虑的，也首先是天命的得到和失去。而且，由于来之不易，由于转瞬即逝，由于天命无常，由于天不可信，他们必须“有德”。

这就首先要“有心”。

于是，西周青铜器上的德，就在眼睛下面加了“心”字，意思是“心中所见”，是内心世界的得失和曲直，也就是“心得”。这就已经非常接近今天所谓“道德”，尽管在周人那里，道是道，德是德。但德字如作他用（比如人名），则仍是甲骨文字形，有路，有目，无心，德鼎和德方鼎就是。

有没有“心”，很重要。

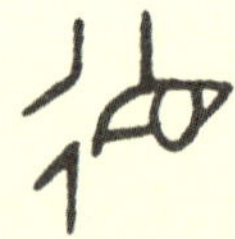

◎ **甲骨文“德”**（粹八六四）
罗振玉先生指出，卜辞中的“德”，都可以借用为“失”，可见其本义是“得”。

◎ **金文“德”**（何尊）
这是目前为止发现的最早表示道德之德的“德”字。“中国”二字的最早文字记载，也在这件青铜器上。

◎ **金文“德”**（德鼎）
这里的“德”，因为是人名，字形仍与甲骨文同，无“心”。

目前发现的“有心之德”，最早的是在何尊，原文是“恭德裕天”。这是成王时期的礼器，记载了周公“宅兹中国”营建成周洛阳的史实，“中国”一词最早就出现在这里。这件出土文物雄辩地证明，周人在平息了武庚和三监的叛乱，完全有资格“居中国而治天下”时，以德治国的观念就萌芽了。[21]

显然，以德治国，就是周人的政治思想。这个直到今天还在影响我们民族的观念，是周文化和周制度的核心，也是他们的一大发明。周之前，是没有的。[22]

不过麻烦也接踵而来。

没错，得失之得或曲直之直加上“心”，就成了“道德的德”。但道德既然在心里，怎么治国？唯一的办法，是把无形之德变成有形之物，让它看得见，做得了，也行得通。

周人解决了这个问题。

看得见的是圣人。圣，甲骨文和金文都有，字形中最醒目的符号是人耳朵。所以，繁体的圣（聖）、声（聲）、听（聽）在上古是同一个字，都从耳。圣的本义也是“听觉敏锐”，后来变成“一听就懂”，再后来变成“无所不通”，最后变成“众望所归”。或者用孟子的话说，就叫“人伦之至”。[23]

耳聪目明变成德高望重，无疑是一个重大转变，却也是不得不变。从此，被尊为圣人的，唐尧、虞舜、夏禹、商汤、周文、周武、周公、孔子，无一不是道德高标。

◎ 何尊及铭文

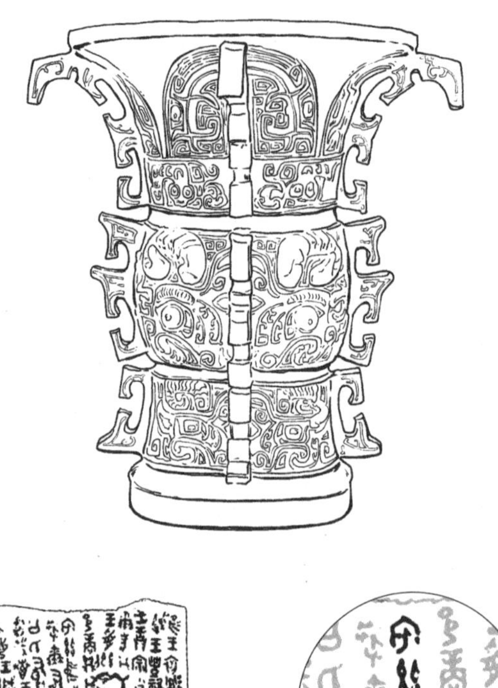

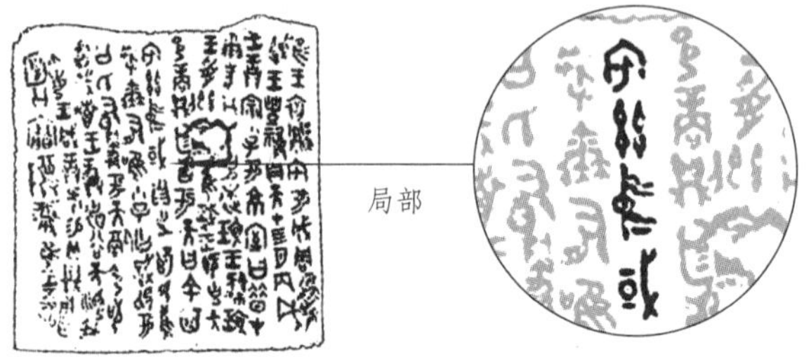

1963年陕西宝鸡贾村塬出土。内底有铭文一百二十二字，证实了周武王灭商后筹迁洛邑以为东都，以及成王继续营建成周的史实。铭文右起第七列前四字即“宅兹中国”。

这，就是中国独有的圣人崇拜。

◎ 甲骨文“圣”
（乙六五三三）

◎ 甲骨文“圣”
（粹一二二一）

◎ 金文“圣”
（尹姞鼎）

◎ 金文“圣”
（𣪘忎盘）

圣人崇拜成为风尚，虽然是由于后世儒家的鼓吹，但那意思周初就有了。是啊，改朝换代要有依据，以德治国要有榜样，而榜样的力量据说是无穷的。文王和武王，岂能不“乃圣乃神，乃武乃文”？就连革除夏命的商汤，也得是。

榜样，是“看得见的力量”。

但，禹汤文武，只是统治者的榜样；后来的孔子，也只是读书人的楷模。教化大众的“平民圣人”还没出现，虽然他迟早会被打造出来。在此之前，实施以德治国，就不但要靠“看得见的力量”，还得依靠“行得通的手段”。

那么，它又是什么呢？

礼乐。

重新安装系统

礼乐并非周的发明，殷商就有，夏也有。而且，商人之礼是奢侈的，商人之乐也是华丽的，甚至还特别重视音乐的美。汤王的赞美诗《那》就这样唱道——

伟大啊繁多，
敲起手鼓。
鼓声隆隆啊，
乐我先祖。
清亮的管乐，
齐整的步武。
铿锵有力的钟磬，
神采飞扬的万舞。[24]

呵呵，他们没准还有唱诗班。

既然如此，为什么还说“周公制礼作乐”？

因为周公让夏商也有的礼乐脱胎换骨。他先拷贝其数据，再格式化其硬盘，然后按照自己的需要安装另一个系统，结果便变成了全新的东西。

那么，周的礼乐，跟殷商的又有什么不同？

不妨先看什么是礼乐。

从甲骨文和金文的字形看，礼就是礼器，即祭礼；乐就是乐器，即乐舞。这就是本来意义上的礼乐。周公要做的事情，当然并不仅仅是把夏商的祭礼和乐舞重新编排一遍，而是要实现质的飞跃和变化，从而把它们变成一种制度，变成巩固政权、稳定社会、维持秩序和安定人心的工具。

◎ 甲骨文“礼”
（甲 3629）

◎ 金文“礼”
（何尊）

王国维、郭沫若都认为“象二玉在器之形”，因此“礼”最早是指礼器。

◎ 甲骨文“乐”
（续 3·28·5）

◎ 金文“乐”
（邵钟）

许慎认为“象鼓鞞”（架子鼓），罗振玉认为是“琴瑟之象”，总之是乐器。

哈，商的礼乐是仪（仪式），周的是制（制度）。

问题是，这可能吗？

完全可能。

◎ 甬钟结构图

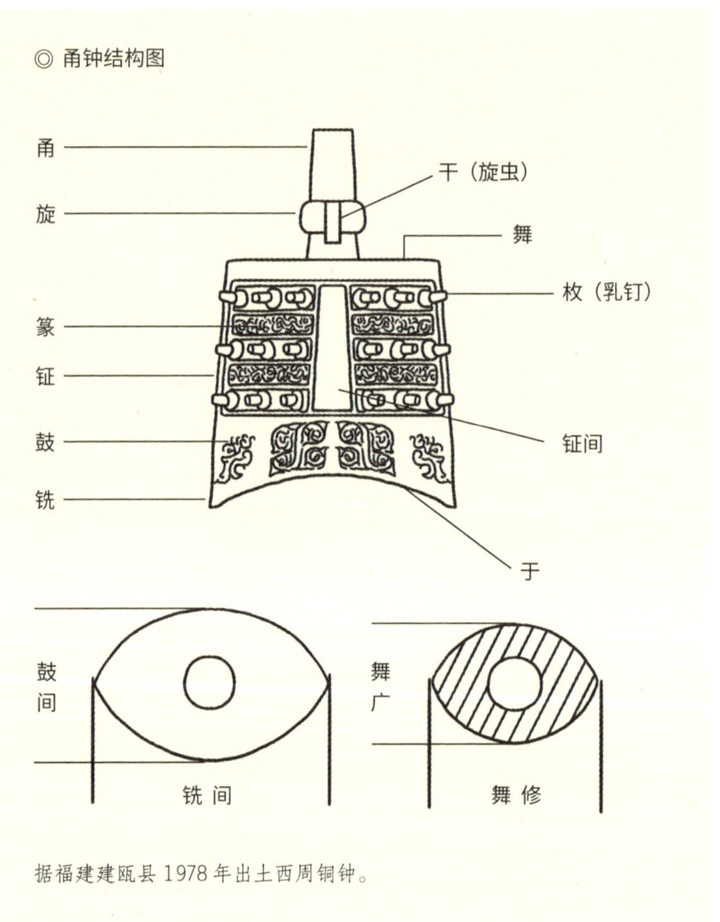

据福建建瓯县 1978 年出土西周铜钟。

我们知道，祭礼和乐舞都是有序的。比方说，在祭祀仪式上，接受致敬和礼拜的天神地祇、列祖列宗谁坐主席，谁算列席，要有一个序列；参加祭祀的人，谁是主祭，谁算助祭，也要有一个序列。如此，才能行礼如仪。至于乐舞，也必须当行则行，当止则止。起承转合，井然有序，才能斐然成章。

秩序，是礼的本质，礼的精神。

礼既然是秩序，那就可以用来处理人际关系，维护社会安定。这就是周公的礼。它的意义，当然不再仅仅只是敬神祭祖，更在于身份认同和社会责任。说得再明白一点，就是每个人有每个人的身份地位和社会角色，比如君臣父子，夫妻兄弟；也都有自己的权利和义务，比如君仁臣忠，父慈子孝。只要明确这一点，各自安分守己，就不会动乱。

这是西周社会的定海神针。

因此，它必须被确定为制度，这就是礼制；必须被应用于政治，这就是礼治；必须成为普遍进行的教育，这就是礼教；必须成为类似于法律的东西，这就是礼法。

礼制、礼治、礼教、礼法，就是周人安装的软件系统。

但这里面有问题。

问题在于不平等。因为所谓礼乐制度，说到底就是“以等级定秩序”。按照这种制度，人与人之间是有高低贵贱之分的。君臣、父子、夫妻、兄弟，都不平等。而且，正因为不平等，才有秩序，叫“尊卑有序”。

这就无法让人心理平衡。

是啊！人人生而平等，凭什么有的尊，有的卑？

对此，周公他们自有一套说辞。可惜这些说辞未必让人心服，更未必能让人心悦。这个问题显然必须解决。否则，实行礼制的结果，就不是秩序井然，而是愤愤不平。

周公的办法，是用“乐”来调和。

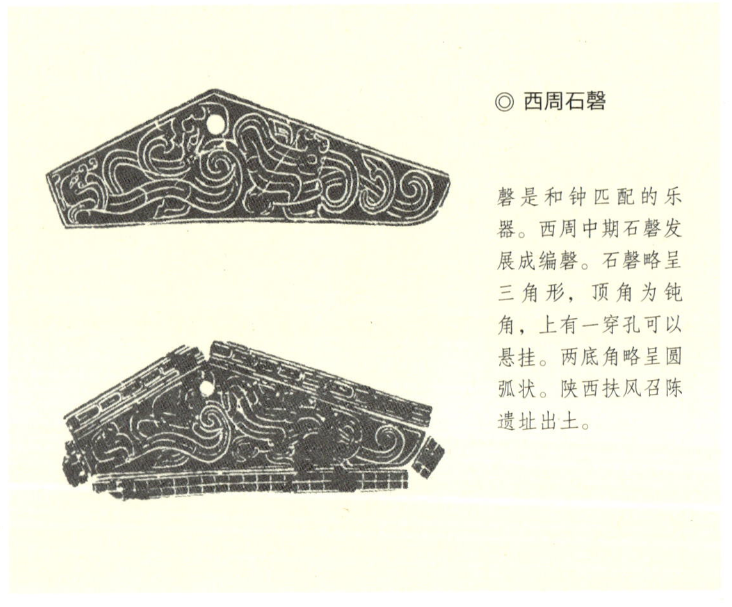

◎ 西周石磬

磬是和钟匹配的乐器。西周中期石磬发展成编磬。石磬略呈三角形，顶角为钝角，上有一穿孔可以悬挂。两底角略呈圆弧状。陕西扶风召陈遗址出土。

什么是乐？乐是音乐，也是快乐。换句话说，音乐是让人快乐的，要想快乐就得像音乐。那么，什么是音乐？音乐就是“乐音的运动形式”，而乐音的特点就是差异。不同的乐音，音高、音长、音强、音色，都不同。但组合在一起，很好听。可见不一样或不平等不是问题，关键在于如何组织。

组织的原则就是和谐，和谐则是多样统一。这也正是礼和乐必须构成同一个制度的原因所在。没错，礼辨异，乐统同；礼讲多样，乐讲统一；礼维持秩序，乐安定人心。人心安定，秩序就能维持；秩序井然，社会就会稳定；社会稳定，政权就能巩固。新兴的周，也就能立于不败之地。

这就是周公的“制礼作乐”。

他被后世尊为圣人，也不奇怪。

有圣人崇拜，就有了“看得见的力量”；有礼乐制度，就有了“行得通的手段”。一个环环相扣的完整系统工程就这样建立起来，而按照这个系统建设的就是中华礼乐文明。

如此复杂的系统工程，当然一言难尽，但线索是清晰的——因为“君权天授”，所以要“以人为本”；因为以人为本，所以要“以德治国”；因为以德治国，所以要以礼维持秩序，以乐保证和谐，即“以礼立序，以乐致和”。

天授是旗帜，人本是纲领，德治是“一个中心”，礼乐是“两个基本点”，这就是周公的思想体系。

从这样一整套思想体系出发，周人创立了四大制度——井田、封建、宗法、礼乐。井田是经济制度，封建是政治制度，宗法是社会制度，礼乐是文化制度。井田顾民生，封建从民意，宗法敦民俗，礼乐安民心。至此，周文化和周制度的系统软件，全部安装完毕。

那就让我们一一道来。

第三章

西周大封建

当各路诸侯接受周天子的分封时，
稳定的封建秩序和广泛的统一战线
便都建立起来了。
一箭三雕，这是一种智慧。

山雨已来

周公从东方战区回来了。

他很疲惫。胜利了的周公忧心忡忡，满脸倦容，一肚子心思。迎接他的也不是鲜花，而是挑战和危机四伏。

局势确实严重。

周公清楚地记得，三年前，叛乱的武庚、三叔和东夷何等地嚣张，反对的力量又何等地强大。那些周族内部的反对派，居然罔顾占卜的神示，公开跳出来大唱反调，企图阻止平叛和东征。自己的亲兄弟管叔和蔡叔则在京城四处散布谣言，说周公“将不利于孺子（成王）”，不可不防云云。

这可真是内外交困。幸亏后来召公站在了自己一边，成王也消除了猜疑，还亲临前线劳军。否则，里外不是人的周公真会成为别人盘子里的三明治。

战争也进行得十分惨烈，甚至导致了当地大批象群的迁徙。因为东征部队必须逢山开路，遇水搭桥，才能深入不毛与敌交手，其艰难困苦可想而知。

于是，在班师回朝的路上，将士们这样唱道——

用坏了我们的手斧，
累坏了我们的工兵。
周公率师东征，
叛乱得以扫平。
我们这些苦命的人啊，
但愿从此得到安宁。[1]

周公，能给天下带来和平吗？

能，但先要反思。周公一定想过：敌对势力为什么那样强大？破坏分子为什么那样繁多？新世界为什么这样不素净？新政权又为什么这样不安宁？

说到底，还是人心不服。

不服也不奇怪。“小邦周”要取代“大邑商”，原本就不是一场战争能够搞掂的。何况“百足之虫，死而不僵”，延续了六百年之久的殷商并不是纸老虎，残余力量的伺机反扑和妄图复辟势在必然，没有才不正常。

奇怪的是东夷。

所谓东夷，就是生活在今天辽宁、河北、山东和江苏北部沿海地区的氏族、部落和部落国家。他们跟西羌一样，原本也是被殷商欺压的。因为受欺压，东夷屡屡反抗。武王伐纣前，他们还跟商人血战，周人才得以乘虚而入。

这样看，东夷应该像西羌的姜族一样，与姬周同心同德同仇敌忾才是，至少也可以像牧野之战时那样袖手旁观，为什么要掺和到叛乱里来呢？管叔、蔡叔、霍叔的反目就更不可思议，他们可是亲兄弟、自家人。

原因是多方面的。

比如东夷的反抗，原因就很复杂。东夷也叫“鸟夷”。他们跟殷商一样，都是东方的民族，也都以鸟为图腾，文化上是相通的。因此，东夷与殷商，只有利害冲突，没有文化冲突。与姬周，则不但有利害冲突，还可能有文化冲突。

再说他们也“不服周”。是啊，凭什么灭商的是你们姬周，不是我们东夷？因此，他们很可能会像后来秦灭六国时的楚人，一肚子的不服气。何况周革殷命，他们也没得到好处。现在殷顽叛乱，周人内乱，岂不正好渔翁得利？

利益，是关键的关键。

事实上，反对周公的三股力量，都未尝没有利益的驱动。殷人是要夺回失去的江山，东夷是要趁机捞他一把，管叔则是不满周公的大权独揽。因为按照“兄终弟及”的殷商传统，摄政称王的应该是他。没错，因为武王姬发是老二，周公姬旦是老四，而管叔姬鲜是老三。周公摄政，凭什么？

其实，武庚、三叔和东夷只是出头的椽子。不动声色心里嘀咕的，恐怕不在少数。看热闹、看笑话、看风向，蛇一样蛰伏着，窥测时机准备出手的，恐怕也不在少数。对付这些人，唱道德高调是没有用的，一味地武力镇压也不是长久之计。在这山雨已来之时，需要的是政治智慧。

周公，有这个智慧吗？

有。他只用一个办法，就解决了所有的问题，而且还创造了一种新的制度。

这个办法，就是分封诸侯。

一箭三雕

分封诸侯，是周初的一件大事。

所谓分封，包括分和封。分的是殷商地盘，封的是自家兄弟。换句话说，就是把殷商的土地和人民，封给姬周的嫡系部队和同盟军。这当然首先是为了对付殷商的残余势力。要知道，那些家伙人还在，心不死，既不能不防，又不能大开杀戒。毕竟，屠杀是最愚蠢的，既不符合“以人为本”的原则，也会激起更多的民变和叛乱。

可行的办法是分化瓦解，让他们成不了气候，也抱不成团。试想，一架飞机如果大卸八块，发动机、驾驶舱、起落架、机翼和尾翼都放在不同地方，它还飞得起来吗?

周公便正是这样想的。

他也正是这样做的。

殷商的“发动机”被放到了洛阳，也就是成周。从殷都朝歌（今河南淇县）迁徙到这里的，主要是殷商的王族和为王室服务的士人。由于这里是周的东都，因此等于被安排在周的眼皮底下。商王的嫡系部队也被改编为所谓“殷八师”，成为成周的卫戍部队，等于是周人的看门狗。

他们的“驾驶舱”则被放在了殷的旧都商丘，周人在这里建立了一个新的国家，这就是前面说过的宋国。这一拨人，当然也是从朝歌迁徙过去的。但殷商的贵族迁到洛阳和商丘以后，周公并没有把朝歌变成空城，而是给了自己年轻的弟弟康叔姬封，建立了卫国。康叔不但得到了朝歌，还分到了殷商的七个部族，基本上都是技术人才，包括制陶、造旗、编篱笆、铸铁锅的专业户，分别叫陶氏、施氏等等。这就等于把殷商的“起落架”捏在手里了。

这可真是全国一盘棋。

分到了殷商部族的还有周公之子伯禽、成王之弟唐叔姬虞、召公之子姬克。伯禽分到六族，叔虞分到九族。姬克也分到六族，但不全是殷商遗民。他们三位新君也都带着这些族民远走他乡，去建设新的国家。伯禽的国号叫鲁，在今天的山东；叔虞的叫唐（后来叫晋），在今天的山西；姬克的叫燕，在今天的北京地区。[2]

周公这一招相当厉害。

◎ 西周封建图　　据《中国历史地图大图鉴》。

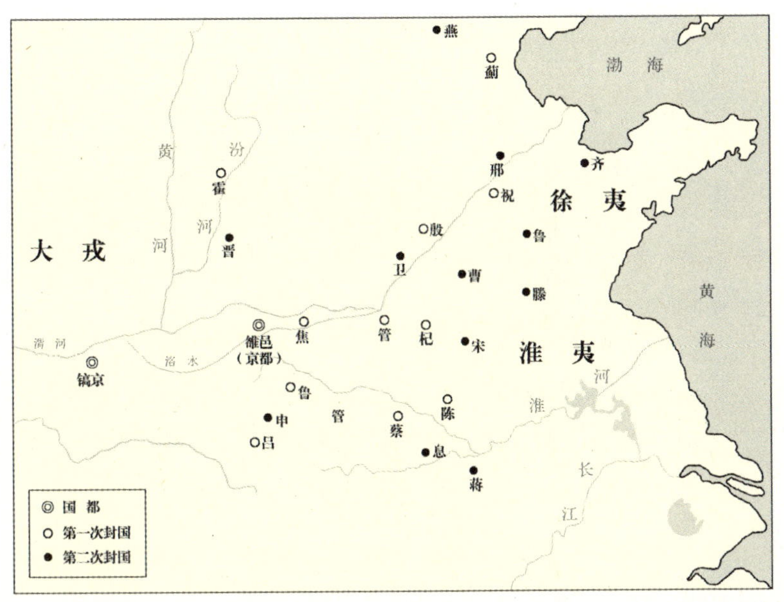

事实上，殷商的国族，原本由四种关系组成：血缘、地缘、行业、国家。血缘组织为族，地缘组织为邑，行业组织为氏，国家组织为姓。说白了，就是一个家族，世世代代只从事一种行业；同行业的人，又集中居住在同一个地方，并世代通婚。同一种氏（行业），住在同一个邑（地区），就成了族。族相聚，即为国。现在，周公把这些氏（行业）整体迁徙到另一个邑（地区），殷商那个“国”还能存在吗？

也只能支离破碎。而且，归属于康叔，以及被伯禽、叔虞和姬克带走的殷商氏族，也只能融入周人的社会，成为新的国族。也许，多年之后，他们会被叫做“卫国人”或“鲁国人”，但在当时却都是“周人”。

这就已经相当高明，何况还不止于此。

实际上，建立宋国和卫国，跟建立鲁、晋、燕，用心是不同的。建宋封卫，都是为了对付殷顽，只不过宋为怀柔安抚，卫为监视改造，因此只是“近距离换防”。

伯禽、叔虞和姬克这三支队伍，却是“远距离殖民”。而且所到之地，均为要冲。比如晋国和燕国，便接近戎狄，其实是姬周的边防前线。难怪后人会说周公分封诸侯，是在给周天子“扎篱笆墙”了。[3]

◎ 臣谏簋及铭文

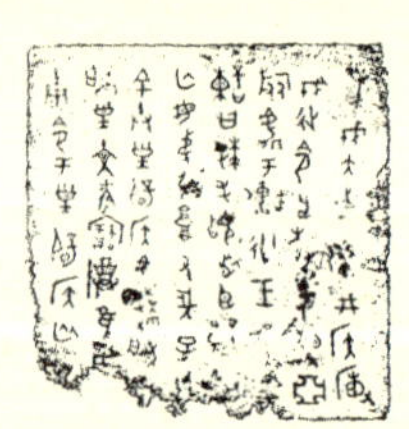

1978年河北元氏县出土。内底有铭文八行，大意为：戎人大举出于軧地，邢侯与戎搏战，命臣谏率领师氏、亚旅等驻于軧。由此可知，邢国的分封，是西周在北方建立的防止戎人入侵的一道屏障。

鲁国所在地，则是东夷的老窝。所以不但要让周公之子在那里建国，还让姜太公吕望建立齐国。这实在是妙不可言，简直等于二战后美国（姬族）和英国（姜族）跑到俄罗斯（东夷）建立殖民地，虽然他们都反法西斯（殷商）。

毫无疑问，以太公和召公之丰功伟绩，受封必在武王之时。但武王是初封，国土也近；周公是移封，国土也远。事实上齐侯、鲁侯和燕侯，都相当于英国国王派出的总督，只不过这三个地方都不能叫做“海外殖民地”，得叫“海内殖民地”。其中的深谋远虑，给我们留下了无限遐想的空间。

总之，周公成功了。他瓦解了殷顽势力，控制了战略要地，酬劳了功臣盟友，岂非一举三得，一箭三雕？

什么叫政治智慧？

这就是。

不仅仅是统战

毫无疑问，这种智慧不是周公一个人的。西周建立的封国，也远远不止宋、齐、鲁、卫、晋、燕。它们甚至未必都是姬姓或姜姓，比如还有芈姓的楚国、姒姓的杞国（芈读如靡，姒读如四）。杞人忧天的故事，说的就是这号人。

楚、杞之类，在当时无疑都是小邦，至多不过部落国家，甚至只不过部落或部落联盟。他们在殷商时代叫做“方国”，比如周、召、姜，就叫周方、召方和羌方。此外还有媿（读如鬼）姓的鬼方、风姓的人方。殷商对他们或者武力镇压，或者不闻不问，是很失策的。

实际上这些方国兵力少，数量多，规模小，来头大，动不动就号称神农、黄帝、尧、舜、禹之后，因此成事不足败事有余，帮忙帮不上，添乱很容易。聪明的做法，当然是能团结的就团结，这样才能结成最广泛的统一战线。至少，即便不能成为朋友，也不能让他们成为敌人。要知道，这些哥们跨入文明并不久，还带着野蛮习气和部落遗风，可是说翻脸就翻脸，说动粗就动粗的。

何况其中一些还参加了伐纣战争。虽然不过一彪人马三五兵丁，只是打酱油的，却也算同盟国和参战国。现在胜利了，总得分他一杯羹，排排坐，吃果果吧？

那好，统统给个师长旅长当当。

于是，只要承认周王是天子，哪怕只是名义上认同周的领导，不管是氏族、部落、部落国家，也不管诸夏、诸羌、百濮、群蛮，都纷纷弹冠相庆，人五人六地成为国君。

说起来这倒是个互利互惠的双赢方案，而且双方做的都是无本生意。比如方国，就什么都没失去。土地、人民、军队、财产，周天子都不要他们的，反倒还会再赠送一点。他们在伐纣战争中捞到的油水，当然一律加盖公章予以承认。诸侯的国内事务，周天子却概不过问。这难道还不合算？

更重要的是，这些方国不少是蛮族。因为文化落后，长期被殷商歧视，自己也自惭形秽。现在既已受封，也就成为诸侯，可以跟中原诸国平起平坐，礼尚往来，这可真是咸鱼翻身，岂有不接受之理？

但，赚了大头的还是周。

首先，这些封国的土地、人民和财产，原本就是那些家伙的，周人并没有成本。周天子给出的，只是一个名义和头衔。但这张空头支票，却换取了对新政权的承认和支持，赎买了异动之心和武装力量，从而建立了自己的统一战线，还没失去领导权。最重要的是，方国的加盟证明了周政权天命和人心的“双重合法性”，这可不仅仅是“统战”。[4]

这就是西周统治者的一系列动作：再编组、大迁徙、广殖民、泛分封。总之，该镇压的镇压，该安抚的安抚，该酬劳的酬劳，该收编的收编。现在，他们可以高枕无忧了吗？

不能。因为新秩序是否稳定，仍是问题。

这就不能靠策略，只能靠制度。策略只是术（技术或权术），制度才是政（政治）。换句话说，制度的建立和建设才是根本性的，也才能保证长治久安。

事实上，就在周公他们下棋的时候，一种新的政治制度和国家制度也应运而生。这种制度本身是有“维稳功能”的，因此保证了五百年的太平。但它同时又有先天不足和内在矛盾，因此在春秋被破坏，在战国被颠覆，在秦汉被替代，只留下难忘的记忆和永远的惆怅。

它的名字，就叫“邦国制度”。

邦国制度

邦国制度的核心，是“封建”。

这里说的封建，不是封建社会或封建主义，跟封建礼教或封建迷信更是两回事。其实迷信跟封建毫不相干，礼教前面冠以封建二字也是乱点鸳鸯谱。封建，通俗地说就是“分封”，但叫“封建”更准确。因为不但要封，而且要建。封就是封邦，建就是建国。封和建，都是动词。邦和国，是名词。封邦建国，是动宾词组。这是本来意义上的“封建”。

先说“封”。

封就是“爵诸侯之土”。这是许慎的解释，也是学界的共识。说白了，就是分封诸侯的时候，要给他一片领土，一个地盘，还要明确地划出疆界。因为在殷商那个部落国家联盟的时代，还没有国家主权的概念，疆界也是模糊不清的。

周人却主张界限分明。

这就得“封”。具体做法，是在边境线上挖沟，叫“沟封”。挖出来的土，堆在两边高高隆起，叫“封土”。土堆上面还要再种树，叫“封树”。种树主要是为了加固隆起的封土，防止坍塌，同时也更醒目。至于那条沟，也有多用。它是疆界，也是渠道，平时蓄水养树，涝时可以排洪。

显然，封的意义在疆，所以也叫“封疆”。封出来的政治实体就叫“邦”。邦和封在上古可以是同一个字，不过封是动词，邦是名词，相当于“国家”，但又不能叫“国家”。因为在先秦，国是国，家是家，并不能混为一谈。而且春秋以前的邦，包括宋、齐、鲁、卫、晋、燕、楚等等，严格说来只有“半独立主权”，成为“独立主权国家”，要到战国。

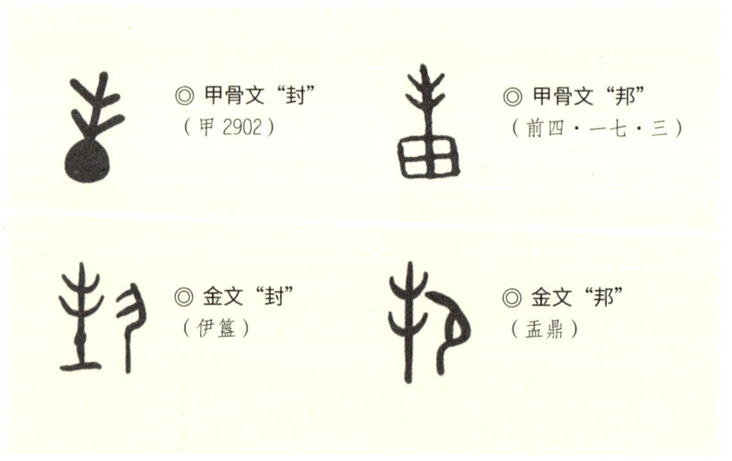

◎ 甲骨文“封”（甲 2902）

◎ 甲骨文“邦”（前四·一七·三）

◎ 金文“封”（伊簋）

◎ 金文“邦”（盂鼎）

不叫国家，叫什么?

邦国。这是最合适的称呼。因为所有的邦都包括城市和周边广大农村。城市叫国，加上农村叫邦。国是都城，邦是全境，邦比国更准确。当然，邦与国也可以通用互换，因此叫邦，叫国，叫邦国，都行。叫国家，不行。[5]

邦国有大小。小一点的，是一个城市加周边农村。因此，其国名往往从邑。这就是“城市国家”。大一些的，是以一个中心城市为首都，再加若干城市和周边农村，这就是“领土国家”。西周初年，大多数邦国都是城市国家。只有周例外，有丰、镐、洛邑好几个城市。

周，也是邦国吗?

也是。只不过，是最大也最高级的。周的国君称王，因此是王国。而且，也只有周君可以称王。其他邦国之君，或为公（如宋），或为侯（如齐），或为伯、子、男，不等。但他们可以统称为侯。因为侯是“有国者”，或“封藩守疆之殊爵”，也就是在边疆保卫天子的人，所以又叫“侯卫”。侯是很多的，所以叫“诸侯”，也就是“诸多的侯”。等到战国，诸侯们纷纷称王，邦国制度就解体了。

由周王国和诸邦国组成的世界，叫“周天下”。这个天下，跟秦汉以后的大不一样。秦汉以后，是“一个天下，一个国家，一个天子，一个元首”。比方说，秦帝国与秦天下是合一的，秦天子也就是秦皇帝，这就叫“帝国制度”。

邦国制度则不同，是“一个天下，许多邦国，一个天子，许多元首”。天下只有一个，即周天下；天子也只有一个，即周天王。但在这个天下里面，有许多邦国，比如宋公国、齐侯国、郑伯国、楚子国、许男国，等等。这些邦国，都有自己的元首，而且不一定同姓。

这样的天下，怎么能叫“王朝”？

也只能叫“国家联盟”。

这样的国家联盟，或多或少有点像英联邦。但，英国不是联邦的“宗主国”，女王也不“封建诸侯”。英联邦的成员国，包括英国与加拿大、新西兰、澳大利亚等，都是平等的。联盟则是“松散的联合体”，成员国可以加入，也可以退出。

周天下却颇为不同。

首先，周天下在理论上和名义上是周和周王的，周联盟的成员国不是“加盟国”，而是“隶属国”。其次，周王国与诸侯国，周天子与各国君，是君臣关系，并不能平起平坐。第三，各诸侯国的主权和治权，至少在名义上都是周天子授予的，天子对他们不但要封，而且要建。

建，也许比封更关键。

我们的田野

什么是“建”？

建就是建国。它包括三个内容：授土、授民、授爵。

册封仪式是隆重的。祭坛由青白红黑黄五色土筑成，象征着东西南北中。诸侯封到哪一方，就取哪一方的土，再掺和代表中央的黄土，用白茅包裹交到诸侯手里。这就叫“授土”，表示诸侯拥有对那片土地的使用权。

赐给诸侯的人民则包括三部分：本族臣僚、殷商遗民，以及封地上的原住民。当然，这主要是指鲁、卫、晋、燕之类。其他邦国不一定有殷商遗民，原住民则一定有的，领导班子也一定是他自己的。这就叫“授民”，表示诸侯拥有对那些人民的统治权。这也是周人的一大发明。因为像这样土地和人民并赐，殷商卜辞中并没有记录。

◎ 周封建授土想像图　　　　　　赵闯 绘

由此可见，只有周的封建，才是“真封建”。

第三件事是指定国君，包括命名国号（比如宋、齐、鲁、卫），发表训示（比如《康诰》），赐予受封的象征物（比如冠冕、礼器、仪仗）。这就叫“授爵”，表示诸侯相对独立，权力合法，并拥有父死子继或兄终弟及的世袭权。

这三个程序意义重大。

事实上，封邦建国必须授土、授民、授爵，表现出来的正是周人对“国家概念”的理解。尽管这个时候的邦国，还只是初级阶段的国家，甚至不能叫做国家。但，土地、人民和领袖，便从此成为我们民族的“国家三要素”。1949年以后中国大陆的赞美诗《歌唱祖国》，就是第一段唱土地，第二段唱人民，第三段唱领袖。这是周制度的深远影响。

现实意义也很明显。授土和授民，表示周王才是全世界土地和人民的唯一产权人和法人；授爵，则表示他是所有邦国的最高统治者或世界性君主。所谓“普天之下，莫非王土；率土之滨，莫非王臣”，被表现得淋漓尽致。

主权和产权都是周王的，诸侯只有财权和治权。

但当时似乎没人想那么多。程序结束后，受封的诸侯个个峨冠博带，珠光宝气，焕然一新。他们纷纷率领部属、族人、庶众、臣妾，欢天喜地奔赴封区，定疆域，建社稷，封子弟，收赋税，分田分地真忙。

当然，最重要的是建立宗庙和社稷。宗庙祭祀列祖列宗，社稷则祭祀土地和谷神。这个祭坛之所以重要，是因为有土有谷就有民。于是，社稷便成为国家政权的代名词。由此还诞生了一种建筑制度，即国都的中央是宫殿，宫殿左边是宗庙，右边是社稷坛，叫“左祖右社”。

◎ 明代北京城平面图

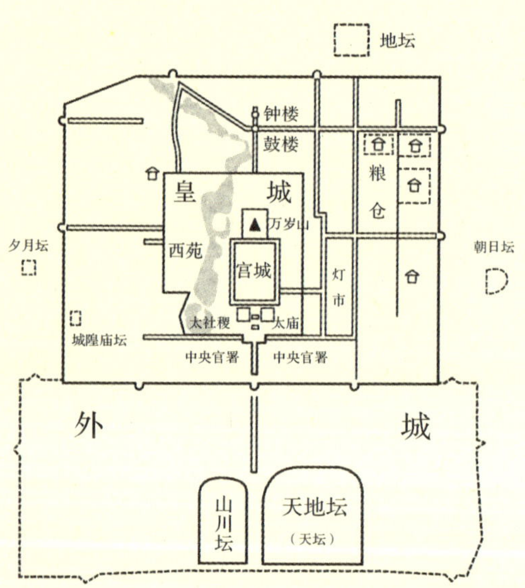

明北京城是在元大都的基础上，参考南京城的规制而营建的。城内主要建筑群的布局合乎前朝后市、左祖右社的基本原则，即宫城在城内南部中央，商业区在宫城正北，祭祖的宗庙，即太庙在宫城之东，祭天地的社稷坛在宫城之西。

分到的土地和人民也要整合。具体方案是人民编组，土地分块。先把一大片土地分成均等的九块，中间一块是“公田”，周边八块是“私田”。私田由按照血缘关系重新编组的农民包产到户，但八户农民必须先耕种中间的公田，才能再耕种私田。公田的收入，用于公共事务，这就叫“井田制”。

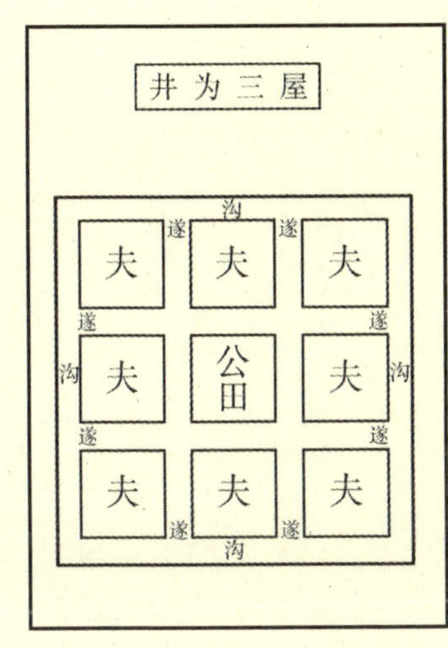

据《农政全书》。关于井田制，历来有争议。有人认为确有其事，有人认为纯属想象，也有学者做出各种解释，请参看杨宽《西周史》、许倬云《西周史》。

我们的田野，是这样的吗？

不钻牛角尖就是。整整齐齐规划成井字形，周边挖沟种树封疆，中间开出纵横交错的田间小道阡陌，每块田地刚好百亩，当然并非所有地方都能做到，甚至根本就是一种想象或者理想。但“平均地权，公私两利”，则是可能的。大夫和诸侯从公田获利，更是可能。

从象征的意义讲，井田制其实也是一种“封建”。反过来也一样，封邦建国的封建制也可以看作井田制。天下之中的周王，封国之中的诸侯，就是当中那块公田。

但，为什么说这种制度“本身就有维稳功能”呢？

因为封建是一种秩序。

封建是一种秩序

封建制，把世界分成了三个层次。

最高也最大的层级叫“天下”。按照当时的观念，它就是全世界，所以又叫“普天之下”。天下的最高领袖和当然代表叫“天子”，即周王，也叫周天王。他是天底所有人共同的君主，叫“天下共主”。他的邦国是王国，他的族人是王族，他的家庭是王室，他的社稷则叫王社。

次一级的叫“国”，也就是“封国”。封国的君主叫“国君”，其爵位细分应有五等，统称则为“公侯”。所以，他们的族人是公族，他们的家庭是公室。他们的社稷，为人民立的叫国社，为自己立的叫侯社。[6]

再次一级的叫“家”，也就是“采邑”。采邑的君主叫“家君”，也就是大夫。大夫也是世袭的，叫“某某氏”，比如春秋时鲁国的季孙氏、孟孙氏、叔孙氏。这也是家与国的区别：国君称姓（姬姓、姜姓、姒姓、嬴姓），大夫称氏。所以，大夫的族人是氏族，他们的家庭是氏室。

层级	名称	君主	身份	家庭	家族	儿子
第一级	天下	天子	天下共主	王室	王族	王子
第二级	国	诸侯	国君	公室	公族	公子
第三级	家	大夫	家君	氏室	氏族	君子

天下、国、家，层次分明吧？

这就是所谓“封建”。

很清楚，封，就是“划分势力范围”；建，就是“厘定君臣关系”。为什么是君臣？因为诸侯是天子所封，大夫是诸侯所立。前者叫“封邦建国”，后者叫“封土立家”。后一种封建（封建大夫之家），也是有青铜器铭文为证的。

所以，诸侯是天子之臣，大夫是诸侯之臣。大夫对诸侯要尽力辅佐，并承担从征、纳贡等义务。诸侯的义务，则有镇守疆土、捍卫王室、缴纳贡物、朝觐述职等。当然，如果受到其他诸侯欺侮，也可以向天子投诉，天子则应出面为他主持公道摆平江湖。这是天子的义务。

同样，权利和权力也很明确。

天子的权力是封建诸侯，这就是建国；诸侯的权力是封建大夫，这就是立家。但是大夫不能把自己的“家”再分给别的什么人。也就是说，大夫没有再封之权。这个规定对中华文明的深远影响，我们以后还要再说。

享有治权的，也只有天子、诸侯和大夫。不同的是，天子在理论上对周天下，在实际上对周王国，都有统治权。诸侯和大夫则只对自己的封国和采邑有权统治，但他们的治权既是理论上的，也是实际上的。

也就是说，大夫的家，诸侯的国，都自治。大夫有权自行管理采邑，叫“齐家”，诸侯不干预；诸侯有权自行治理封国，叫“治国”，天子也不过问。但，大夫除了齐家，还有义务协助诸侯治国。诸侯也有义务在发生动乱时，奉天子之命南征北战维持秩序，叫“平天下”。[7]

哈，三级所有，层层转包，秩序井然吧？

这就是“邦国制度”，也是真正意义上的“封建”。在这种制度中，周天子名义上是“天下共主”，实际上却“虚君共和”。大夫的家和诸侯的国，则共同组成真正的政治实体，即“家国”。家国变成国家，要到战国。秦汉以后，国家与天下合二为一，邦国就变成了帝国。从此，天下只设郡县，不封诸侯，封建制和邦国制寿终正寝。

封建，是战国以前的“国际秩序”。

这样的事，别的地方有吗？

没有。

周人的邦国制，不同于大多数文明古国的君主制，不同于古希腊的民主制、古罗马的共和制，也不同于近现代的联邦制或邦联制，跟欧洲和日本的封建制也只有相似之处。与井田、宗法、礼乐相配套的封建制，是我们民族独有的国家体制，也是周人的制度创新。

创新是智慧的。井田制是经济基础，封建制是上层建筑，同时也都是巩固政权的手段。封建制把姬周和异姓、中央及地方捆绑在一起，井田制则把民生和民心、人民和土地捆绑在一起。农民不离乡背井，豪酋不犯上作乱，闲汉们不无事生非，可不就天下太平?

何况封建也好，井田也罢，都是秩序。有秩序，就不乱。但光有秩序，还不足以“维稳”，因为秩序可以破坏。春秋礼坏乐崩，战国诸侯独立，就是封建秩序的崩溃。

那么，周公及其继承人“维护封建秩序，防止社会动乱”的办法还有什么呢?

宗法和礼乐。

第四章

天下为家

周人创立的新制度和新秩序，
是一盘很大的棋。
一着不慎，也可能满盘皆输。
对士的忽略，就是隐忧。

嫡长子

宗法制的核心，是嫡长子。

嫡，就是正妻。妻与夫相匹敌，所以叫嫡。妻生的儿子，就叫嫡子。嫡子当中第一个生出来的，叫嫡长子。

与嫡相对的叫庶。

庶，有众多（庶众）、渺小（庶几）、庞杂（庶务）、卑微（庶民）等意思。物以稀为贵，多了就不值钱。庶的本义既然是众多，那就意味着卑贱。

不过，庶子的地位低于嫡子，却并不因为嫡子的人数一定少，而因为庶子的母亲人数多。嫡子的母亲是妻，只能有一个；庶子的母亲是妾，可以有若干。按照西周的婚姻制度，贵族男子都可以有妻有妾。最低一等的一妻一妾，中高级贵族一妻多妾。这就叫"一夫一妻多妾制"。

一妻多妾，也是宗法制的内容之一。

妾既然人数众多，当然是庶。事实上，妾这个称谓就带贬义。它的本义是女奴，最早的女奴则是女性战俘。战俘们要保命，只能做奴隶，于是“男为臣，女为妾”。原始时代的妾，很可能就是被胜利者随便占有的女人，而且仅仅因为她们是俘虏。那时，战俘可是没有什么人权的。[1]

后来的妾，也一样。

依照“一妻多妾制”，妻妾的来历就不同。妻叫娶，妾叫纳。妻，必须门当户对，明媒正娶，才能与夫匹敌，也才能叫嫡。纳妾，则可以偷，可以抢，可以买，可以骗，还可以死缠烂打。因为妾不必有身份和地位。她可以是夫人的陪嫁，父母的丫环，青楼的女子，朋友的歌姬。因此，父母可以赏，朋友可以送，自己可以要，甚至霸王硬上弓。妾既然如此地来路不明，其地位可想而知。

结果，她们的儿子也不平等。

第一等：妻的第一个儿子，嫡长子；

第二等：妻的其他所有儿子，次子；

第三等：妾的所有儿子，庶子。

显然，不但庶子与嫡子，就连嫡子与嫡子也不平等。但是他们的父亲却是同一个人，贵族的儿子也该是贵族。事实上不论嫡庶长幼，周王的儿子就是王子，诸侯的儿子就是公子，大夫的儿子就是君子。那么请问，王子、公子和君子难道也要分三六九等？

要的。原因，在继承权。

天子、诸侯、大夫，遗产很多。爵位、领地、财产、权力，这些都要有人继承。有权继承的，当然是他的儿子。因为天子的王族，诸侯的公族，大夫的氏族，跟全社会一样都实行“父家长制”。这也是宗法制的又一个内容。但所有的儿子都来继承，却不行。有些东西比如财产，可以分。爵位和权力，就分不了，只能传给一个儿子。

这就必须立个规矩。

没有规矩，儿子们打起来，可就无法维稳了。

宗法制，就是立规矩的。

周人立的规矩，叫“嫡长子继承制”。说白了，它就是当时的继承法，只不过不是民法，是礼法。这是宗法制的核心和关键。我们知道，族的第一代叫祖，第二代叫宗。祖是开创者，只能该谁是谁。宗是继承者，必须有继承之法。宗法制就是规定谁为“宗”的，所以叫“宗法”。

换言之，宗法就是“定宗之法”。

这才有了嫡长子继承制。按照这种制度，不但父亲的爵位和权力，就连父系家族的血统，原则上都只能由嫡长子来继承，除非没有嫡长子（正妻无出），或嫡长子无法继承。反过来，如果是嫡长子传嫡长子，一路传下来，不曾中断，那么，这样的传承就叫“嫡传”，这样的体系就叫“嫡系”，这样的血统就叫“正统”，这样的宗派就叫“正宗”。

这就是宗法三要素——

一、父家长制；

二、一夫一妻多妾制；

三、嫡长子继承制。

但，这跟封建又有什么关系呢？

好大一个家

关系就在所有的贵族都是世袭。

世袭，就有继承权的问题。爵位，却只有一个。所以贵族比任何人都更加重视宗法。依照宗法制，天子、诸侯、大夫，都只能传位于嫡长子。其他儿子，包括其他嫡子，连血统都不能继承。但这些公子王孙，毕竟都是“贵二代”，总不能撒手不管，让他们流离失所吧？

也只有一个办法：分封。

分封也简单。天子的嫡长子做了天子，他嫡出的弟弟和庶出的哥哥，就分出去做诸侯，或者留在王国做公卿。同样，诸侯的嫡长子做了诸侯，他的弟兄们就封土立家，分出去做大夫。宗法制与封建制，严丝合缝，合二为一了。

结果是什么呢？

天下为家。

这也是必然的。首先，天子是“天”的嫡长子，所以叫“天子”。诸侯则是天子的兄弟，大夫又是诸侯的兄弟。虽有嫡庶之分，却总归是兄弟。大夫和诸侯，跟天子既然是这种关系，岂能不“四海之内皆兄弟”？

当然，这里说的是姬姓诸侯。但天子与异姓诸侯，以及姬姓诸侯和异姓诸侯之间，却有婚姻关系。比如姬姓与姜姓，秦国与晋国，就长期通婚，所以婚姻也叫“秦晋之好”。这样一来，天子、诸侯、大夫，不是兄弟就是叔侄，要不就是翁婿、郎舅、连襟、亲家。说到底，还是“一家子”。

这真是“好大一个家”。子女，就是臣子和广大民众；父家长，则是各级君主。因此，他们理所当然地被分别叫做子民和君父。这种称谓的起源已无从查考，但可以肯定直到明清还在使用，思想源头则在周。

不过，周天下这个“家”是有层级的。周天子是皇天上帝的“嫡长子”，也是天下子民的“总爸爸”。以下，诸侯是“二级爸爸”，大夫第三级，小民则是“子女”，叫“子民”。

子女也要成家立业，这些家庭也都有祖宗。以祖宗为统绪，家庭构成家族，家族构成宗族。宗族从属和依附于大夫构成氏族，大夫是族长。氏族从属和依附于诸侯构成国族，诸侯是族长。国族从属和依附于天子，就构成民族。这个民族在西周叫夏，春秋叫华，后来合称华夏，周天子是总族长。

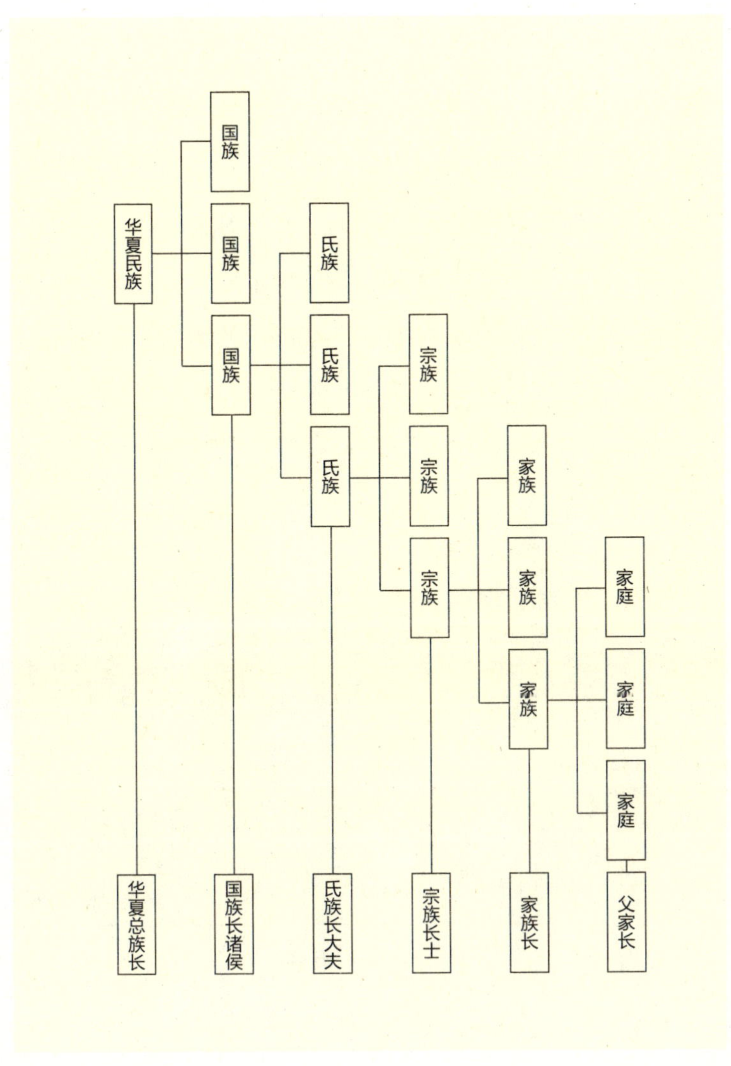

难怪学术界普遍认为，华夏国家和华夏民族的正式形成是在周，只不过这国家和民族被说成或看成一个“巨型家族”。

同时，它也是“好大一个公司”。

周天下这个公司是“家族型”的，也有总公司和子公司。总公司叫“天下”，总经理是天子，董事长是天。因为天子的治权是天授的，天下的产权也是上天的。所以，天子只能算是总经理，不能算是董事长，王族也不是董事会。

子公司则有两级。天下的子公司叫“国”，董事长是天子，总经理是诸侯。国的子公司叫“家”，董事长是诸侯，总经理是大夫。因为大夫之“有家”，来自诸侯的授权；诸侯之“有国”，来自天子的授权。上天授权天子叫“天命”，天子授权诸侯，诸侯授权大夫，则叫“封建”，包括“封邦建国”和“封土立家”。家，是子公司的子公司。

	关系	董事长	总经理	授权方式
天下	总公司	天	天子	天命
国	天下子公司	天子	诸侯	封邦建国
家	国的子公司	诸侯	大夫	封土立家

嘿嘿，三级所有，层层转包。

或者说，三级授权，层层负责。

因此从理论上讲，天子有权收回诸侯的封国，诸侯也有权收回大夫的采邑。这也是有文献记载和文物证明的。当然，按照同样的道理，上天更是有权收回天下。只不过，那事儿可就闹大了。它在历史上，就叫“革命”。

革命，会发生吗？

会。

因为“公司”有问题。

姬周株式会社

周天下这家公司，有点像“株式会社”。

株式会社是日本和韩国的说法。日文和韩文的株是股权和股份的意思，一股就叫一株。所以，株式就是股份制，株式会社就是“股份有限公司”。

显然，株式会社的株，不是守株待兔的株，但这并不妨碍我们把周天下看作一棵大树。井田，就是叶子；村社，就是花果；庄园，就是枝条；采邑，就是分枝；封国，就是支干；作为天下共主和授权主体的周天子，则是主干。

哈哈！有这么一棵树也很好。

没错，大树底下好乘凉。

可惜树太大，也麻烦。

比方说，树大招风。

招风也是肯定的。毕竟，周人只是得到了“中国”。周边地区，东夷、南蛮、西戎、北狄，都是“风口”，谁知什么时候“风乍起”？一齐刮起来，更成了“龙卷风”。事实上，后来西周灭亡，平王东迁，就因为“西北风”。

看来，如果树大，那就必须根深。

所以，周代的统治者和思想家，跟日本企业家一样，都主张“和”，只不过中国讲“和谐”，日本讲“和拢”。日本人认为，从老板到员工，都应该把企业看作一个大家庭。为了避免家庭内部发生冲突，每个人都有责任“维稳”，有义务“维和”。这样才能“拢在一起”，长足发展，共同致富。

这就叫“和拢经营”。

日本和韩国，是常常被看作“儒家资本主义”之成功范例的。这其实似是而非。没错，中华文明确实影响了日本和韩国，中华民族的许多智慧也被成功地应用于企业管理。但真正起到决定作用的，却不是儒家思想，而是资本主义，包括市场经济、契约精神、法治原则。至少，他们产权明晰。株式会社的资本，是股东们一株一株凑起来的。如果不想血本无归，那就必须和衷共济。更重要的是，产权明晰，就责任明晰，权利明晰。大家都是公司的股权人，为公司奋斗就是为自己奋斗。那么请问，谁不努力？

周天下却“产权不清”。

谁都知道，天下原本不是周的，甚至也不是商的。商时代只有部落国家的联盟，商王也只是联盟的盟主，相当于江湖上势力最大的帮派，市场上资本最多的公司。因此，其他帮派比如东夷便可以叫板，其他公司比如周族也可以不断做大做强，最终把盟主赶下台去，自己做了老大。

周天子做了老大的天下，虽然仍是联盟，但封建制的发明却改变了联盟的性质。过去是松散的关系，现在是株式会社即股份公司。这倒也未尝不可。问题在于，周天子或周王国并非只是控股。按照“君权天授”的理论，他们的资本天命空降，直接下载”，因此“普天之下，莫非王土”。

也就是说，天下的产权属于天子。

这样一来，全部股权便都是周王的，只不过分给了大家。分配的结果，是诸侯和大夫得到“原始股”，士农工商得到“技术股”。这当然同样未尝不可。既然都是股权人，就应该同心同德，才能把自己的股份变成“绩优股”。

可惜这最终只是一厢情愿。

首先，姬周株式会社既不生产，更不分红。公司总部只知道收取管理费，生存发展全靠诸侯的国和大夫的家自力更生。时间长了，谁干呀？何况这家公司也不上市。不上市又要分蛋糕，还都想多吃多占，就只有窝里斗。结果，外战外行，内战内行，西周也就变成了东周。

没错，他们是被犬戎赶到东边去的。

更重要的是，你说“普天之下，莫非王土”，请问有授权书吗？有产权证吗？没有。那好，我们打下的地盘，凭什么说是你的资本？我们创造的财富，凭什么说是你的股权？你能从皇天上帝那里下载，难道我不能？你能把联盟老大从殷商变成周，难道我不行？不信革一回命试试？

于是到了战国，周天下这家股份有限公司，终于资不抵债彻底破产。

这就是产权不清的后果。

不过在西周初年，却没人想这些。毕竟，公司的破产要到五百年后。周人再有忧患意识，也想不到那么远。何况大家都吃了定心丸。嫡长子固然地位无法撼动，次子和庶子也都可以各奔前程。那就构建和谐社会吧！

但，这里面还是有问题。

什么问题？

天子诸侯的次子庶子可以再分封，大夫的呢？

重大失误

做不了大夫的贵族子弟，就做“士”。

士阶层的出现，是宗法制和封建制的必然结果。因为按照宗法制，次子和庶子不能袭爵；按照封建制，封到大夫就不能再封。因此，大夫的儿子如果没有继承权，就只有贵族身份，没有贵族爵位，也没有领地和治权。

于是，这些无爵可袭的大夫之子，也包括家道中落的公子王孙，以及王室和公室的旁支远亲，便构成天子、诸侯和大夫之下最低一级的贵族，叫“士”。

士在历史上极为重要。如果说西周是王的时代，东周前期是诸侯的时代，春秋中后期是大夫的时代，那么战国就是士的时代。那时的士，周游列国，朝秦暮楚，拉帮结派，合纵连横，演绎出一幕又一幕惊心动魄的活的戏剧。

秦汉以后，我们民族进入帝国阶段，废封建，行郡县，诸侯和大夫这两级贵族都被消灭。除了皇族，所有人都是平民。于是，士便成为平民之首，与其他阶层合称“士农工商”。从汉帝国到清帝国，官僚集团主要由士组成，甚至一度形成所谓“士族”。士，最终成为中国历史的主人，尤其是中国政治史、思想史和文化史的主人。

这并非没有原因。

首先，周代的士，是贵族，也有贵族的权利和待遇。权利包括祭祀权、参政权和从军权，待遇则低于王侯大夫，高于平民。比方说，婚姻，则一妻一妾，祭祀则三鼎二簋，乐舞则二佾（读如异），也就是舞女两行。这当然比不上八佾和九鼎八簋的天子，却超过没有乐舞也没有妾的平民。

但作为贵族，士“有权利，无权力”，最重要的是没有治权。因为天子、诸侯、大夫都有领地，比如诸侯有封国，大夫有采邑。这些领地，经过了授土、授民和授爵三大程序，因此领主不但有财权，还有治权。

士就没有领地，只有食田，也就是某块田地的赋税归他，但对田里的农民不能统治。而且，还必须担任一定职务，才有食田，食田不是他的私产。拥有世职（世袭的职务）和世田（世袭的田地）的，也是少数。

越来越多的士，都只能打工。

这就要有本事。实际上，但凡士，都多少有些能耐。他们或者有武艺，可以做战士、保镖、刺客；或者有文化，可以做史官、智囊、文秘；或者懂经营，可以做管家、会计、经纪人；或者会方术，可以治病、疗伤、看风水、配春药、传授房中术。再不济，也能“鸡鸣狗盗”。

显然，周代的士，就是当时的知识分子和白领阶层。他们地位不高不低，人数不多不少，能量不大不小，最适合培养为中产阶级。苟如此，就能形成巩固各级政权、维护社会稳定的中坚力量。

然而周人最大的失误，就在这里。

从西周大封建开始，真正得到实权和实惠的，是诸侯和大夫。最后养肥的，也是这些中上层贵族。这对“中央”其实是不利的。因为诸侯和大夫越强大，天子就越虚弱。强枝弱干的结果，是周王室成为皮包公司，周天子成为光杆司令，最后连橡皮图章都当不成。

一并退出历史舞台的，还有封建秩序。因为诸侯可能强于天子，大夫也可能强于诸侯。子公司超过总公司，岂能不乱？只不过，春秋是诸侯架空天子，比如“五侯争霸”；战国则是大夫灭了诸侯，比如“三家分晋”。

但无论哪一种，士都是帮凶。

然而有趣的是，挺身而出希望救世的，也是士。这就是先秦诸子。正如我们将在《百家争鸣》一卷中要讲到的，诸子百家，儒家代表文士，墨家代表武士，道家代表隐士，法家代表谋士，都是士的代表。只不过，他们的追求、主张和方案各不相同，甚至还有人认为那世界无药可救。

同样是士，为什么有的助纣为虐，有的救苦救难，有的袖手旁观，有的积极进取，如此不同呢？

因为有君子，有小人。

君子与小人

君子与小人，也来自宗法和封建。

依照宗法制，贵族的次子和庶子，也可以开宗立派，只不过嫡长子立的叫大宗，次子和庶子的叫小宗。但依照封建制，天子的小宗却是诸侯，那可是国族的大宗。同理，大夫是国族的小宗，同时是氏族的大宗；士是氏族的小宗，同时是宗族的大宗。所以士可以一妻一妾。甚至士人的族如果庞大，他的次子和庶子，还能成为家族的族长。

但只要算一笔账，谁都清楚这世界上是大宗多还是小宗多。而且，只要贵族们的世代足够长久，族就会裂变，变出更多的小宗，小宗的人数也会越来越多。这就形成了一个人数众多的特殊阶层——小人。

小人，就是“小宗之人”。

相反，嫡长子则总是贵族。诸侯的嫡长子是国君，大夫的嫡长子是家君。那好，周王的儿子是王子，公侯的儿子是公子，家君的儿子就是君子。这，倒是不论嫡庶的。所有家君之子，都是君子，即士。甚至宗族的族长，由于俨然君主，他的儿子也可以叫君子，至少嫡长子可以。

君子，就是“君主之子”。

这就是君子和小人的本义——大宗之子和小宗之人。这时，作为贵族，小宗之人也是“人”，地位至少比“民”高。民，是平民和奴隶。人与民，并不平等。

但，君子之泽，五世而斩。天长日久，子子孙孙，贵族们那些庶子的庶子的庶子，就不但只能是小宗的小宗的小宗，甚至不再是“人”。低级贵族之小宗，更是如此。

这就产生了第二种含义：君子是贵族，小人是平民。

贵族与平民是阶级，也是等级。由于是等级，后来又指品级，也就是君子高贵、高尚、高雅，小人粗俗、低俗、庸俗。原因也很简单：文化和教育资源不一样。君子能接受良好的教育，当然“三高”；小人甚至无法接受正规教育，当然“三俗”。

再后来，阶级的意义没有了，品级的意义也淡化了，变成了“品类”：君子是好人，小人是坏人。或者说，君子道德高尚，小人品质恶劣。阶级讲身份，等级讲地位，品级讲品位，品类讲品质，都是君子高，小人低。

这是君子和小人的第三种含义。

毫无疑问，这里面有歧视，却不等于没意义。意义是对士的。因为王之子是王子，公之子是公子。所谓“君子”，主要指大夫的儿子，即家君之子，也就是士。士，可是在贵族和平民之间荡秋千的。你自强不息，就仍是君子；你自甘堕落，就沦为小人。因此，必须树立君子之德，弘扬君子之风。尽管那最后的结果，不过是成为精神贵族。

然而这很重要。

事实上，有精神贵族，才有贵族精神。贵族精神不是摆谱、撒娇、端架子，而是高贵、自律、守底线，独立、自由、有尊严。为此，他们倒驴不倒架，可杀不可辱，宁肯杀身成仁，不肯苟且偷生。

这样的精神，是我们民族宝贵的文化遗产。

因此，正如不能没有中产阶级，一个社会也不能没有精神贵族。然而纵观中国历史，从先秦到唐宋，虽无中产阶级，却有精神贵族。但到明清以后，专制日盛，斯文扫地，精神贵族和贵族精神都日见稀缺，甚至被赶尽杀绝。中华文明的精神，可谓命悬一线！

但这是后话，现在还看西周。

天子
嫡长子
天子
王族大宗
次庶子
王子
王族小宗
诸侯
嫡长子
诸侯
王族小宗
公族大宗
次庶子
公子
公族小宗
大夫
嫡长子
大夫
公族小宗
氏族大宗
次庶子
君子
氏族小宗
士
嫡长子
士
氏族小宗
宗族大宗
次庶子
庶人
小宗之人
小人

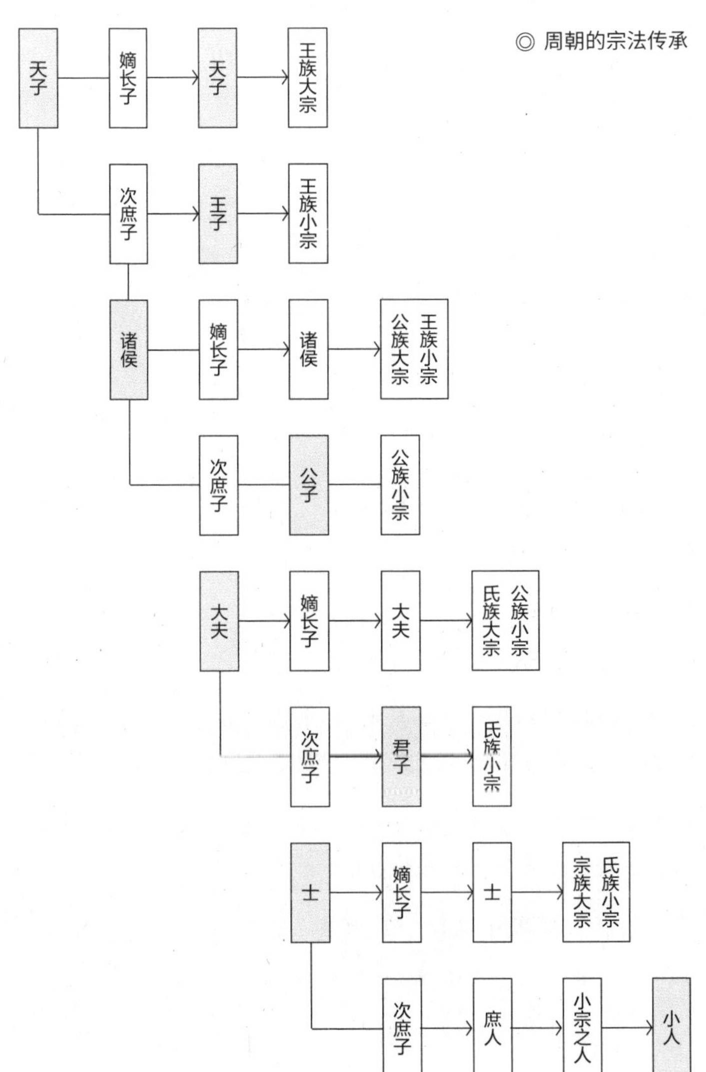

◎ 周朝的宗法传承

算盘未必总如意

说起来，周天下其实算得上树大根深。

周的根，在农村。

这并不奇怪。周，原本就是农业民族。何况在邦国制度的框架下，诸侯的国，大夫的家，都是自主经营。大夫的财政收入当然来自采邑。诸侯的则不但来自全国，自己也会有一块自留地，就像天子拥有天下之外，还有一个周王国。

周王国其实就是周天子的采邑。它既是政治实体，也是经济实体；既是周天下的“中央政府”，也是周天王的“独立王国”。后来周天子被架空和颠覆，就因为周王国每下愈况，综合国力不但不如诸侯的封国，甚至不如大夫的采邑。

采邑是周的基层政权组织，地位相当于后来的县，规模相当于现在的乡。采邑中有村社，大一点的或者还有庄园、牧场和森林。城堡之外的郊野，则是八户或十户农民编组耕种的井田。管理采邑事物的，是大夫的家臣。

家臣都是士，职务则各有分工。职位高的叫宰，是大夫的大管家。孔子的学生子路和冉有，便做过鲁国大夫季孙氏的宰。但这已经是春秋了。西周时期，家臣应该都是不能袭爵的家君之子。他们既然不能像嫡长子那样接班做家君，也就只好去做家臣，帮助父兄“齐家”。

这是合理安排，也是如意算盘。

我们知道，在当时的条件下，周天下其实很大。不要说远在天边的周王，就连大国的诸侯和大邑的大夫，距离子民也很远。真正在第一线接触民众的，就是家臣。

所以家臣至关重要，然而君主们却大可放心。因为家臣是大夫的子弟，大夫又是诸侯的子弟，诸侯则是天子的叔伯、舅舅、兄弟、子侄、女婿、连襟、妹夫、丈人。这样的江山，岂非铁打铜铸？这样的政权，岂非稳如泰山？

至少，那根子也扎得够深的了。

可惜人算不如天算。

天算是什么呢？是日子久了，血缘就淡薄，关系就递减。这是自然规律。所以，用血缘和婚姻来维系政治联盟，可以奏效但不能持久。再大再和谐的族群也要分家，四世同堂就到了顶，接下来便是五世而斩。

何况周天下这个总公司原本就是虚的，实体是诸侯的国，后来还有大夫的家。实际上，从西周到东周，发展的趋势就是强枝弱干。不但诸侯变得尾大不掉，就连大夫也后来居上，请问那还能维持吗？

没错，凡事有利就有弊，算盘未必总如意。刀切豆腐两面光的事，是没有的。但始料不及的，是问题会出在家臣。

家臣有什么问题？

忠心耿耿。

奇怪！忠心耿耿不好吗？好。但家臣不是忠于国君，更不是忠于天子，而是忠于大夫。因为大夫是家君，他们是家臣。所以他们公开宣布“只知有家，不知有国”。

于是，爱家不爱国，便成了家臣的职业道德。公元前530年，鲁国大夫季孙氏的一个家臣在宫廷斗争中站在国君一边，结果成了过街的老鼠。乡亲们讥讽地说：我有一块菜地，长的却是草皮。身为家臣而心系国君，太有才了你！[2]

这可真是让人哭笑不得。

是啊！原本希望家国一体，结果变成家国对立；原本用于维稳的手段，却变成最不稳定的因素，岂非莫大讽刺？

更具讽刺意味的是家臣的理论。

我们知道，周公他们为了巩固政权，曾经提出一个冠冕堂皇的说法，叫“普天之下，莫非王土；率土之滨，莫非王臣”。按照这个理论，从诸侯、大夫到家臣，便都应该忠于周天子。然而家臣们的说法，却是“封略之内，何非君土；食土之毛，何非君臣”。封略，就是大夫的采邑；君，则是家君，也就是大夫，没诸侯什么事，更没天子什么事。[3]

◎ 旗鼎及铭文

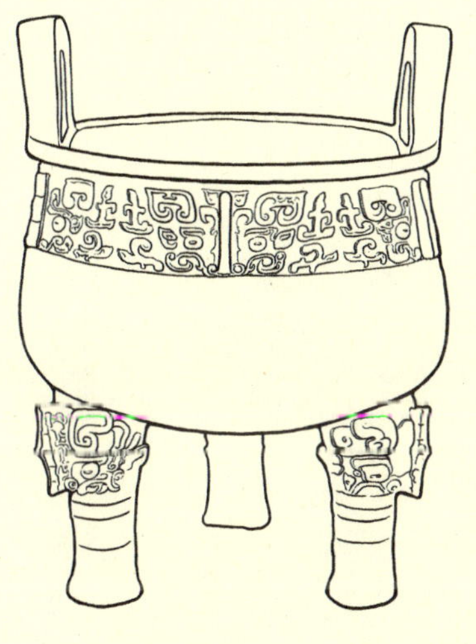

1872 年陕西眉县杨家村出土。内壁有铭文四行，大意为：某年八月初，王姜将原赐予师栌的土地收回，转赐给旗，旗便铸此鼎纪念。

这简直就是地地道道的“修正主义”。

毫无疑问，这里面肯定有一个转变的过程。起先，是王土变成了国土，然后又变成了君土（家君之土）。与此相对应，王臣也就会先变成侯臣（诸侯之臣），再变成家臣（家君之臣）。这时的周天子，可真是鞭长莫及了。

因此，家臣们心目中的君臣关系，便只存在于采邑之中。什么镇守边疆，捍卫王室，不过一句空话。就连保家卫国也只能做到一半：他们只保家，不卫国。

周公，你想得到吗？

第五章

两个基本点

周公和孔子都不变态，
他们为青年男女的性爱
留下了自由的空间。
三月三的中国情人节，
演出了东周版的《花儿与少年》。

爱国贼

鲁国那个跟家君唱反调的家臣，叫南蒯（kuǎi）。

南蒯是季孙氏封地费邑的宰。照规矩，季孙氏把费邑承包给南蒯后，自己就不怎么管事，所以南蒯在那里当了三年老大。但，当南蒯决定背叛季孙大夫、支持鲁国国君时，费邑人却不干了。他们把南蒯抓起来，对他说：过去我等听命于先生，是因为忠诚于主上。现在先生有了那种想法，我辈却没有这等狠心。那就请先生另谋高就吧！您老人家的理想抱负，上哪儿不能实现啊！

众叛亲离的南蒯只好卷起铺盖走人，抱头鼠窜逃到了齐国。幸运的是，齐国倒也收留了他。

有一天，南蒯伺候齐景公吃饭。

景公突然端起酒杯说：你这叛徒！

南蒯不知景公这话是真是假，也不知道景公说这话是什么意思，当时脸都绿了，一肚子委屈地辩解说：微臣岂敢叛乱，不过想强大公室而已。这可是爱国呀！

旁边的齐国大夫却反唇相讥：身为家臣，爱的什么国？你罪过大了去了！[1]

奇怪！爱国有罪？

不。爱国无罪，只不过要有资格，并非人人都能爱。诸侯爱国就是对的，因为他是“国君”。大夫爱国也是对的，因为他是“国人”。家臣爱国，则“罪莫大焉”。

家臣爱国，何罪之有？

僭越。

换句话说，就是通房大丫头把自己当成了大老婆。

前面说过，封建是一种秩序。它确定的君臣关系和效忠对象，也是有层级的。具体地说，从上到下，天子之臣是诸侯，诸侯之臣是大夫，大夫之臣是士（家臣）。从下到上，家臣忠于大夫，大夫忠于诸侯，诸侯忠于天子。

这就是礼。

因此，诸侯可以“爱天下”，大夫可以“爱国”，家臣则只能“爱家”。严格按照这礼法的规定去爱，才叫忠。越级非礼而爱国，就是“爱国贼”。乱臣贼子，人人得而诛之。齐景公只把南蒯叫做“叛夫”，算是客气。

那么，费邑的邑人，为什么可以反对他们的总管南蒯，越级忠于季孙氏？

因为按照邦国制度，天下只有一个，封区只有两级。封到采邑，就不再分封。家臣不是君主，只是大夫派出的代理人。邑人也不是家臣的臣，而是大夫的臣，即“家人”。他们的道德义务，是“忠君爱家”，不是“忠君爱国”。这跟季孙大夫的是非对错没关系，跟南蒯的政治立场更没关系。

礼，只认秩序，不管是非。

后果当然很严重。依照这个“忠君原则”，诸侯如果对抗天子，大夫就应该跟着对抗；大夫如果反叛诸侯，家臣也会跟着反了。周的灭亡，就因为此。

但是没有办法，因为是非讲不清。公说公有理，婆说婆有理，怎么操作？

讲得清并可操作的，只有秩序。

秩序贯穿着邦国制度。井田是经济秩序，宗法是社会秩序，封建是政治秩序。这就一要明差异，二要定等级。井田制区分公私，于是有公田、私田；宗法制区分嫡庶，于是有嫡子、庶子；封建制区分君臣，于是有人、有民。人是贵族，民是平民和奴隶。这是“阶级”，三等。天子是超级贵族，诸侯是高级贵族，大夫是中级贵族，士是低级贵族。这是“等级”，四等。此外还有公侯伯子男，是诸侯的“爵级”，五等。

由此可见，秩序即等级。它像井田一样形成序列，叫井然有序；像阡陌一样条理分明，叫井井有条。事实上，等级分明的周社会，就是一块“井田”；秩序井然的周制度，则是一口“井”。周公和他的继承人，以愚公移山的精神挖井不止，终于挖得深不见底，单等我们跳下去。

这口井，就叫“伦理治国”。

好大一张网

什么叫“伦理”？

伦，是一个很晚才有的字，甲骨文和金文都没。它的本字，应该是“仑”（仑），金文的字形像栅栏。后来加上单人旁，变成“伦”，有类比（无与伦比）、匹敌（精彩绝伦）、条理（语无伦次）等意思。

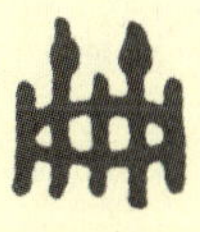

◎ 金文“仑”
（剌鼎）

◎ 金文“仑”
（中山王䁃鼎）

其实，伦，就是次序和类别。如果乱了次序，错了类别，弄得左也不是右也不是，就叫不伦不类。

最重要的次序和类别，是人类社会的，叫“人伦”。按照后来儒家的说法，人伦主要包括五种人际关系：君臣、父子、兄弟、夫妇、朋友，叫“五伦”。规范五伦的道理、法则和仪式，就叫“伦理”。

伦理的核心，是“名分”。

名分就是名位和职分，也就是一个人的社会身份、社会地位和社会角色，以及相应的权利、义务和待遇。地位特别高的，还有爵号和车服。爵号是“名”，车服叫“器”。名和器合起来，就叫“名器”。

名和器是统一的。名不同，器也不同。比如祭祀用的礼器，天子九鼎八簋，诸侯七鼎六簋，大夫五鼎四簋，士三鼎二簋，都是鼎奇数，簋偶数。祭祀时的乐舞，天子八佾（读如义），诸侯六佾，大夫四佾，士二佾。祭祀穿的礼服，天子十二旒，诸侯九旒，上大夫七旒，下大夫五旒。旒（读如流），是垂在冕前面的珠串。士没有冕，也就没有旒。

名分，决定着待遇、规格、谱。

所以，传统社会的中国人极其看重名分。妻们固然会严防死守，小老婆也不能“妾身未分明”。比如《红楼梦》里的花袭人，是最早跟贾宝玉上床的。但因为没有“走程序”，结

◎ 山东龙山文化期的随葬陶器与阶层关系

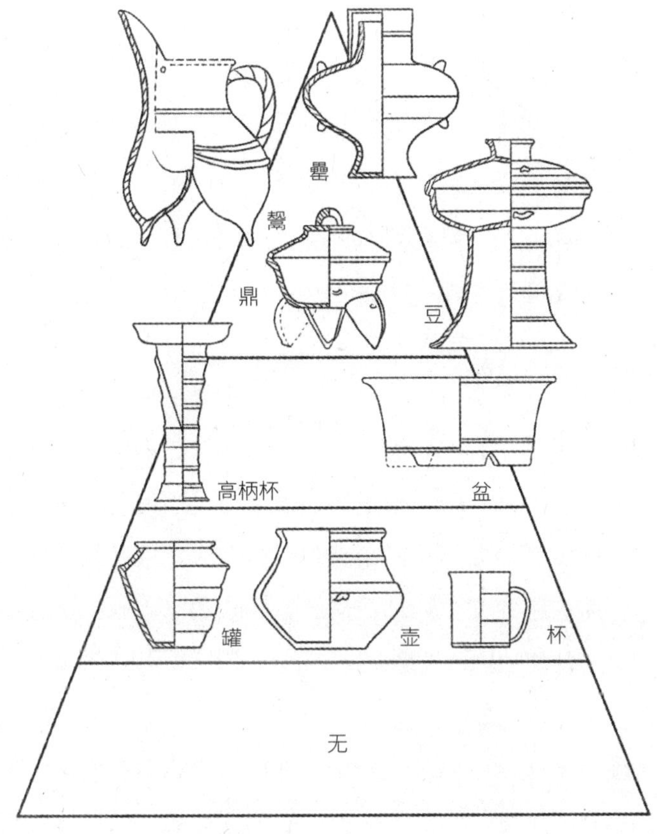

图中例示着山东临朐县朱封1号墓出土的陶器。这些随葬陶器与墓主的社会阶层关系对应。随葬品由上至下递减，直至完全没有随葬品。据许倬云《西周史》。

果便连妾都不是，只能嫁给别人。

名分，简直就是命根子。

没有人可以不要名分。没有名分，就没有面子。面子是名分的标志，也是人的脸面，或脸谱。摆出来，就叫“摆谱”；有了它，就叫“有谱”。有谱就靠谱。这就可以交往，可以“面对面”。否则，就“对不起”。

对不起的意思是：双方面子的尺寸差距太大，面子小的一方即便想“面对”，也“对不起”。

难怪我们“死要面子”。

其实，面子可以要，也可以给。小妾扶正，副职转正，是实实在在地给；称小老婆为如夫人，管芝麻官叫大老爷，是客客气气地给。但无论虚名还是实惠，也无论是赠送抑或索要，前提都是你得认同伦理，看重名分。只要你把名分当回事，所有程序便会启动。从此，你就成了电脑里的数据，任由纲常伦理的软件处理。

这是一张蜘蛛网，而且弹性很好。

能够逃出这张网的人很少。你出家？庙里有师父。你落草？山寨有头领。你自主择业？业内有行会。你浪迹江湖？江湖有门派。你不可能绝对一个人生存。只要归属于某一群体，那就要有名分。只要接受名分，那就仍在五伦。所以苏东坡“长恨此身非我有”，但发完牢骚，照旧回家睡觉。什么

“小舟从此逝，江海寄余生”，根本做不到，也没当真想过。[2]

这可真是“天网恢恢，疏而不漏”。宗法伦理，将传统社会的所有人都“一网打尽”。

得了便宜又卖乖的，是那只蜘蛛。

因此，尽管秦始皇憎恨封建，汉高祖厌恶儒家，却都不反对伦理治国。秦始皇的政策，是既要依法治国，又要道德礼仪，只不过把德和礼都纳入法。因此，他除了推行“车同轨，书同文”，还要求“行同伦”。

汉高祖也一样。他在登基不久立足未稳时，便让儒生叔孙通重新制定了礼仪，以此作为君临天下治理帝国的工具和手段。于是，以纲常伦理为核心的礼乐制度，便不但没有因为邦国变成帝国而被废除，反倒一直延续到清。

这绝非偶然。

便宜了谁

讨厌儒家的刘邦，后来确实尝到了礼治的甜头。

那是西汉王朝的建国之初，大乱虽平而天下未定，跟西周初年的局势几乎完全一样。只不过，追随武王伐纣的，是姬姓和姜姓的贵族，比如太公望、周公旦、召公奭，以及其他方国的豪酋。虽然他们在殷商眼里是蛮族，文化程度其实都不低，个个都是风流人物。

刘邦的队伍就差得多。除张良是贵族，韩信算是破落贵族，其余的，陈平是无业游民，萧何是蕞尔小吏，樊哙是狗屠，灌婴是布贩，娄敬是车夫，彭越是强盗，周勃是吹鼓手，刘邦自己则是地痞无赖，基本上是草台班子。

何况此时，礼坏乐崩已经几百年。像周武王那样严格按照礼制来举行开国大典，他们哪会？未央宫建成后，刘邦大宴群臣，居然乘着酒兴对太上皇说：过去老爸总骂我不如二哥能干，将来生活没有着落。现在请您老人家看看，是二哥挣下的产业多，还是我的多？殿上群臣也跟着起哄，大呼小叫，乱成一团，完全没有体统。

这简直就是群魔乱舞。

叔孙通他们自然看不下去，大汉朝廷也不能是土匪窝子。于是好说歹说，终于劝动刘邦同意制定礼仪，文武百官、功臣勋贵也都进学习班培训。从此御前设宴，人人庄严肃穆，规行矩步，行礼如仪。刘邦自己也喜不自禁。他余味无穷地说：老子今天才晓得，当皇帝还真他妈的过瘾！

当然过瘾。伦理、道德、礼仪，原本就是为了让草民们安分守己，君主们坐稳江山。秦汉以后，历朝历代都坚持伦理治国和礼乐制度，原因就在于此。

实际上所谓“五伦”，最重要的就是君臣。除朋友外，父子、兄弟、夫妇，也都可以看作君臣关系。父亲是家君，丈夫是夫君，长兄如父也是君。反过来也一样。或者说，君臣如父子，同僚如兄弟，正副职如夫妻，怪不得叫“家天下”。

政治伦理，注定了是家庭伦理的“国家版”。

那么，家庭伦理，最重要的是什么？

和谐。家和万事兴。

这就要讲名分，重称谓，守规矩，尽孝心。比如跟父母亲说话，必须自称“儿子”。如果父亲是君王，则自称“儿臣”。跟哥哥说话，要自称“小弟”。如果哥哥是君王，则自称“臣弟”。跟丈夫说话，要自称“妾”。如果丈夫是君王，则自称“臣妾”。对父母，要“早请示，晚汇报”，叫“晨昏定省”。父母的年纪，必须挂在心上，还得“一则以喜，一则以惧”，喜的是他们健康长寿，惧的是他们年老力衰。[3]

父母去世，要“守丧三年”。如果父母是天子或诸侯，则要在他们临死之前成立“治丧委员会”，给他们备好棺椁，换上寿衣，然后守在他们身边看着他们死，叫“为臣”。这是中国最早的“临终关怀”，但只有天子和诸侯才能享受。

所有这些，归结为一个字，就是“孝”。

孝道表现于国，就是“忠”。忠，不是人的天性，因此需要培养。培养基地，就在家庭。事实上，一个人如果孝敬父母，就不会背叛君主；如果友爱兄弟，就不会欺负同事。忠臣出于孝子之门，并非没有道理。

难怪所谓“君仁臣忠，父慈子孝，兄友弟恭，夫和妇柔”，竟有三组是家庭伦理。是啊，对自己子女都没有爱心的君，可能仁吗？对自己父母都没有孝心的子，可能忠吗？父子像父子，才会君臣像君臣，尽管占便宜的还是君父。

什么叫“天下为家，家国一体”？这就是。

天字一号乐团

现在，我们更清楚南蒯为什么不招人待见了。

道理其实很简单：国之伦理在家，从小就能看到大。比如一个人虐待父母，却宣称忠于祖国，靠得住吗？同样，南蒯背叛家君，却宣称忠于国君，谁相信呢？

更何况，南蒯只是季孙大夫之臣，季孙大夫才是鲁国国君之臣。鲁国国君的事，是他南蒯该管的吗？如此僭越，难道也叫“效忠”？对不起，这叫“上访”！

南蒯不明白的，魏绛明白。

魏绛是春秋时期晋悼公的大夫。因为功勋卓著，悼公要将郑国奉献的乐队分一半给他，魏绛表示不敢当。他说：乐舞是用来巩固美德的，因此可以镇抚邦国，同享福禄，怀柔吸引远方之人。这才叫“乐”，也才可以叫“乐”。[4]

◎ **兽面纹铙**（西周前期）

◎ **克钟**（西周中期）

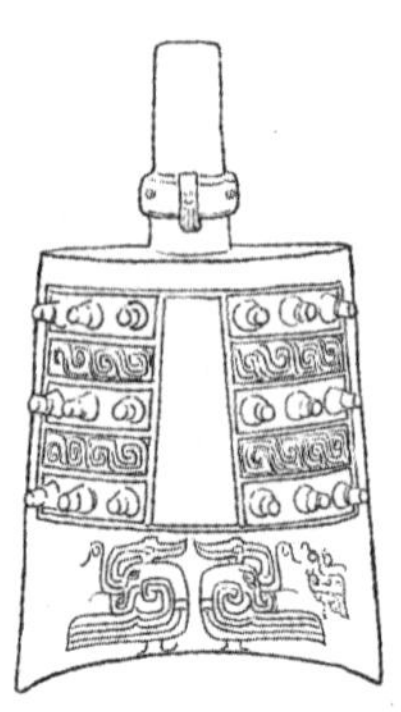

◎ **虢季编钟**（西周晚期）

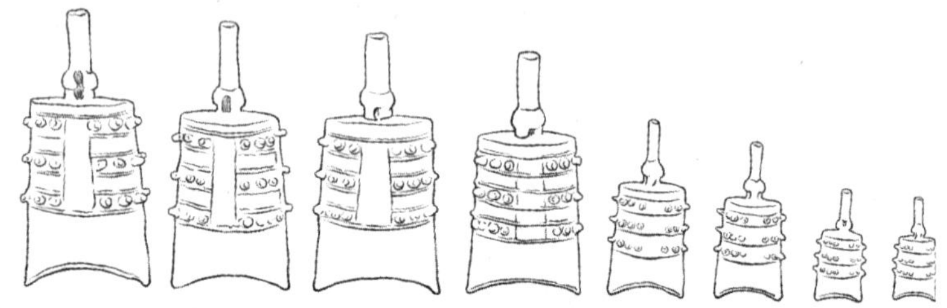

共8件，总重146.75千克。1990年河南三门峡虢国墓地出土。

奇怪！乐，为什么能“殿邦国，同福禄，来远人”呢？

因为乐是艺术化的礼，礼是伦理化的乐。

是这样吗？

当然是。周人的乐，甚至古人的乐，并不只是音乐。准确地说，是诗歌、音乐和舞蹈的三位一体，叫“乐舞”。所以晋悼公打算赐给魏绛的“乐”，就包括一组编钟，还有一支八人组成的歌舞队。

但，乐舞叫做乐，是因为以音乐为灵魂。对于音乐，最重要的是什么？节奏和韵律。对于伦理，最重要的是什么？秩序与和谐。秩序就是礼的节奏，和谐就是礼的韵律。因此，礼治社会就应该像乐曲，社会成员则应该像乐音。乐音有音高、音长、音强、音色的不同。社会成员一样，也得有差异。有差异，才多样。多样统一，才和谐。

礼，就是界定差异的。

问题是：怎么界定？

说复杂也复杂，说简单也简单，无非“别内外，定亲疏，序长幼，明贵贱”。区分华夏与蛮夷，是“内外有别”；区分血亲与姻亲，是“亲疏有差”；区分老者与少者，是“长幼有序”；区分嫡子与庶子，是“贵贱有等”。它甚至表现为一系列的“制度”（规制和尺度）。比如平民不能戴帽子，只能扎头巾，叫帻（读如则）。贵族当中，士又只有冠，没有冕。冠冕堂皇的，只能是天子、诸侯、大夫。

显然，这里面最重要的是贵贱，贵贱就是“音高”。其次是亲疏，亲疏是“音长”。再次是长幼，长幼是“音强”。至于内外，或许可以看作“音色”，华夏民族是“黄钟之鸣”，蛮夷戎狄是“瓦釜之音”。如果“黄钟毁弃，瓦釜雷鸣”，那就不是“亡国”，而是“亡天下”了。

不过在周人看来，他们的天下不会亡，因为像音乐。天子和诸侯是“高音”，大夫和士是“中音”，平民和奴隶是“低音”。也像音乐团体，民族和国族是乐团，氏族和宗族是乐队，天子、诸侯、大夫、士是指挥。

这可真是天字第一号的乐团。这个乐团演奏的，是最恢宏的交响乐，最悦耳的奏鸣曲，最有气势的大合唱。

主题，则据说叫“和”。

没错，礼辨异，乐统同。礼让人遵守秩序，乐让人体验和谐。所以贵族要钟鸣鼎食，还要佩玉。玉是君子之器。它高贵、典雅、温润，不张扬，文质彬彬。何况玉器佩带在身上，是要发出声响的。这就会提醒主人举手投足都要合乎礼仪，都要有节奏。有节奏就有节制，也就气度不凡。

学习音乐，观赏乐舞，更是贵族必修的功课。如果有条件，还应该向全民推广。因为庙堂有音乐，则君臣和敬；乡里有音乐，则宗族和顺；家中有音乐，则父子和亲。[5]

难怪孔子上课时，会有学生鼓瑟。

孔子的学生言偃（子游）更是身体力行。他主持武城县工作时，便处处都是弦歌之声。据说，孔子听了曾莞尔而笑云：杀鸡哪里用得着牛刀？言偃却回答：君子受了教育就爱人民，小人受了教育就听使唤，老师不就是这样教我们的吗？孔子也马上表态：言偃是对的，我刚才不过开玩笑。[6]

这就是“礼乐教化”。

但，这跟“以德治国”又有什么关系呢？

不妨实地考察一番。

权利与义务

先看“乡饮酒礼”。

所谓“乡饮酒礼”，原本是酒宴形式的“政治协商会议”。应邀参加的基本上都是老人，讨论的也是军国大事，比如“定兵谋”等等。所以，它很可能是部落时代军事民主的遗风，相当于古罗马的元老院，只是没有表决权。但到后来，就连咨询的意思也没有了，只是定期不定期地请社会贤达们来吃饭喝酒看表演，变成了“政协委员”的俱乐部。

这就多少有点奇怪。是啊，这样一种并无实际作用的礼仪，怎么会从西周一直延续到清代道光年间？[7]

因为有意义。

意义就在“尊长，养老，敬贤”。按照规定，参加乡饮酒礼的各界人士，六十岁以上的坐，五十岁以下的立。享用的菜肴也不等，年纪越大越多。这就等于向全社会宣示，对长者要尊，对老者要养，对贤者要敬。

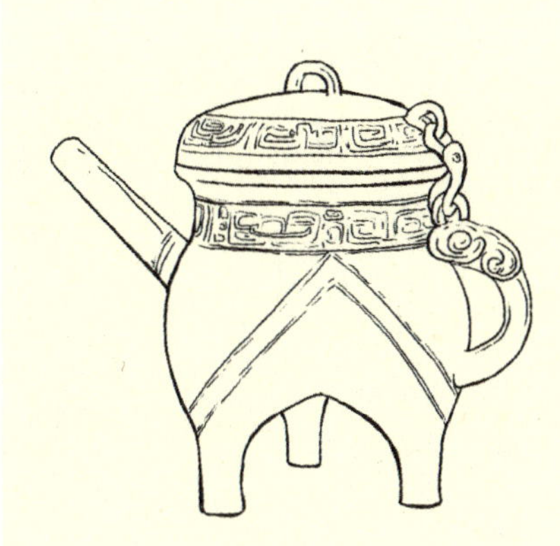

◎ 长由盉

1954年陕西长安出土。盖内有铭文五十四字，记周穆王在飨醴后与井伯太祝共行射礼时，对长由有所褒勉，长由因以作器。其中，飨礼为高级的乡饮酒礼。

所以，酒会上要序齿（以年龄大小为序），还要奏乐，比如“我有嘉宾”的《诗·小雅·鹿鸣》：

呦呦鹿鸣，食野之苹。
我有嘉宾，鼓瑟吹笙。

那么，这首歌为什么要用鹿鸣来开篇呢？因为无论在中国还是印度，鹿都是有着美德的仁兽，鹿群的到来也都是吉祥和兴旺的象征，奏唱《鹿鸣》也就是要崇尚道德。

实际上周人之德，无非“尊尊”和“亲亲”。尊尊，就是尊敬该尊敬的；亲亲，就是亲爱该亲爱的。人与人如果互敬互爱，社会就和谐太平。因此，尽管后来的乡饮酒礼并没有实质性内容，也要坚持，因为这本身就是德。

显然，有礼必有德，有德必有礼。相反，失礼则缺德，非礼则无德。德是目的，礼是手段；德是内心修养，礼是行为规范。因此，也表现为权利和义务。

比如“冠礼”。

冠礼又叫“婚冠礼”，其实就是贵族子女的成年礼。按照西周制度，孩子出生百日，要由父亲命名，表示他正式获得生命，成为家庭成员。如果是男孩，六岁开始在家学习，是家学。十岁进寄宿学校，是小学。十五岁入辟雍，这就是大学。二十岁大学毕业，就要举行婚冠礼，正式成人。

婚冠礼是无论男女都要举行的，只不过女十五，男二十。这时要做两件事。第一是把头发盘在头顶，叫“束发”。然后女插簪子，叫笄（读如基）；男戴帽子，叫冠。第二是请嘉宾为他们起一个字。名是卑称，字是尊称。前者用来称呼晚辈、学生、子女和自己，后者用来称呼同辈和同辈以上的他人。有了字，就可以进行社交，当然意味着成人。

有字以后，男孩子就可以叫做士（广义的士），也叫丈夫。古人认为，儿童身高六尺，叫“六尺之童”。成年男子身高一丈，叫“一丈之夫”。所以，丈夫就是成年男子。

男大当婚，女大当嫁，因此冠礼同时也是订婚礼。由于男女双方的婚配都与束发同时，因此叫“结发夫妻”。如果女孩子还没有合适对象，则暂不订婚，也不起字，叫“待字闺中”。待字，其实是等待婚姻。

◎ 人形铜车辖

铜人屈膝而坐，头戴网状束发之冠。据《中国断代史系列——西周史》。

◎ 西周玉人

这一组玉人分别头戴云朵形高冠、对称的双龙形高冠和牌形高冠。据《早期中国文明：周原文化与西周文明》。

但意义重大的是“加冠”。

加冠一共三次。第一次加“缁冠”（缁读如资），这是用来参加政治活动的。第二次加“皮弁”（弁读如变），这是猎装和军装，所以同时还要佩剑。第三次加“爵弁”（爵读如雀），这是用来参加祭祀活动的，又叫“宗庙之冠”。

一加缁冠，有参政权；二加皮弁，有从军权；三加爵弁，有祭祀权。有权利就有义务，何况“国之大事，在祀与戎”。因此三次加冠后，初冠的青年还要拜见国君和元老，主持仪式的嘉宾也要发表训词。这是最重要的一堂德育课。

显然，束发和加冠，都意味着社会的规范和约束。而且，也都是以一种让人终身难忘的方式，告诉孩子们什么是真正的人，怎样才能成为真正的人。

与此同时，我们民族也成年了。

那么，我们可以青春焕发吗？

当然可以。

中国情人节

接受了笄礼和冠礼的姑娘和小伙子，有权利参加一个盛大的节日。时间是在仲春之月，日子是三月三，名字叫“上巳节”。按照周礼的规定，这一天所有成年男女都可以到荒郊野外，享受最充分的性爱自由。

这是中国的情人节。

实际上这样的节日，世界各民族都有。古罗马的叫“沙特恩节”，时间在冬至，殷商的则在玄鸟（燕子）归来时（请参看本中华史第一卷《祖先》），周人不过继承了传统。

那真是一个人民大众开心的日子。桃花三月，春水碧绿，鲜花盛开。春心荡漾的少男少女们手拿兰草，从四面八方赶到河边，举行爱的狂欢。如果遇到意中人，女孩子还会主动搭讪，落落大方，毫无羞涩。

对此，《诗·郑风·溱洧（读如真委）》这样描述：

溱水和洧水，
春波浩荡弥漫。
少女和少男，
手中拿着泽兰。
女孩说：过去看看？
男孩说：刚刚看完。
女孩说：看了也可以再看嘛！
那边地方又大又好玩。
于是说说笑笑往前走。
还相互赠送了芍药花。[8]

这可真是东周版的《花儿与少年》。

是的。小呀小哥哥呀，小呀小哥哥呀，小呀小哥哥呀手拖着手儿来。

嘿嘿，还“赠之以芍药”。

奇怪！周，不是礼仪之邦，要讲“父母之命，媒妁之言”，讲“男女授受不亲”吗？也会有这等事？

当然有。

事实上从西周到汉唐，宗法礼教之外也尚有性爱的自由，以至于被卫道士们骂作“脏唐烂汉”。什么“饿死事小，失节事大”，那是宋儒造的孽。其结果，是殷的豪放灵性没了，周的天真烂漫没了，春秋的高贵风雅没了，战国的血气方刚没了，汉的开拓和唐的开放也没了。士人堕落为文人，而且集体阳痿，只知道在皇帝面前磕头如捣蒜，然后回家打老婆。

这才真是罪莫大焉！

好在此刻还是周。后来孔子编辑整理《诗经》，也没有删除那些“淫词艳曲”，我们这才得以一睹当年风采。

谢谢孔夫子！您老人家人性。

事实上，伦理道德归根结底是为了人。这就必须尊重人性，尊重人的各种需求。但凡违背人性的，都只能是伪善和伪道德。靠伪道德来维持的稳定，永远都只能是表面的。

这个道理，周公和孔子心里都明白。

他们不傻，也不变态。

因此，尽管周公“制礼作乐”，孔子“克己复礼”，目的都是为了维护姬周政权，维持封建秩序；但他们至少清楚，心理维稳才是最好的维稳。这就要“伦理治国”，包括德治和礼治；也要“礼乐教化”，包括礼教和乐教。礼和乐，是落实以德治国的“两个基本点”。

不过既然是心理维稳，那就要深入人心。因此既得扎篱笆，又要开口子，兼顾社会规范和个人自由，正如封建制或邦国制要“兼顾君权与民权”。这就像犹太人的割礼，只会割掉少许包皮，不会连根切断。没错，切得跟宦官似的倒是彻底安生了，但那样的稳定有意义吗？

治国需要智慧，更需要人性。

现在，华夏民族已经完成了自己的成年礼，也拥有了情人节，可以盘点一下是非得失，弄清楚文化系统了。

第六章
根本所在

以群体意识为内核，
忧患和乐观为翅膀，
人本、现实、艺术为精神，
井田、封建、宗法、礼乐为制度，
都因为周是农业民族。

黑名单

当周人创造出井田制、封建制、宗法制和礼乐制的时候，世界上许多民族还迷迷瞪瞪。南亚，达罗毗荼人创造的哈拉巴文明已与世长辞，还留下了几百年的空白。未来文明的主角雅利安人，正摸着石头渡过印度河。西亚，巴比伦国内乱作一团，犹太人则刚刚建立他们的希伯来王国。南欧，希腊人打完了特洛伊战争，却仍然停留在“尧舜时代”。大洋彼岸的中美洲，奥尔梅克文明就像他们的巨石人像，只有脑袋没有身子。至于现在属于欧盟的大多数地方，要么荒无人烟，要么住着野蛮人。北美和大洋洲，则基本上是不毛之地。

可以比较的，是埃及和亚述。

埃及中央集权的时间最早，比西周建立国家联盟都早了两千年，比秦汉建立集权帝国则早了两千八百多年。公元前

3100年，纳尔迈（美尼斯）兼并上下埃及，建立了“第一王朝”。当然，这件事跟周革殷命并不完全相同。周人是小鱼吃了大鱼，纳尔迈则是把两条鱼并在了一起。但遇到的问题是一样的，那就是如何安定人心，巩固政权。

纳尔迈的办法是两次加冕。

事实上，纳尔迈原本是上埃及国王，头戴白色王冠，以鹰为保护神，百合花为国徽。下埃及的国王则头戴红色王冠，以蛇为保护神，蜜蜂为国徽。于是纳尔迈便在上下埃及各加冕一次，然后在不同场合戴不同的王冠，表示他既是上埃及的君，也是下埃及的主，只有保护神仍是神鹰荷鲁斯。

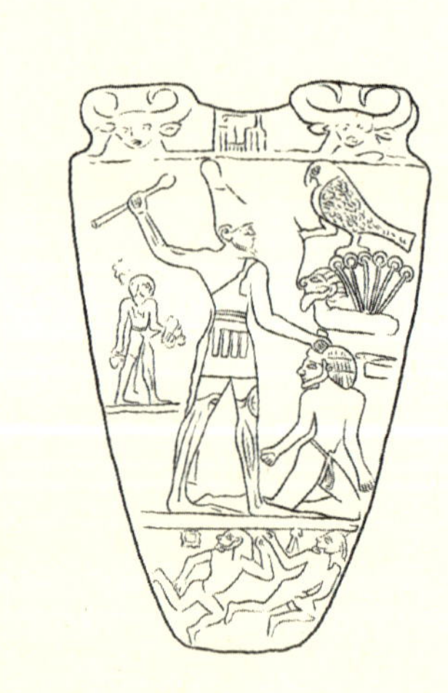

◎纳尔迈石板

公元前3100年左右，纳尔迈统治着尼罗河谷地。他在埃及的统一过程中扮演了重要角色。画面中，纳尔迈戴着高高的上埃及王冠，手握权杖正痛击敌人。他的背后是侍从。鹰神荷鲁斯（右上）口衔一位受害者，将之放至纸草上。纸草是大部分地区为沼泽的下埃及的徽记。据美国时代生活公司《全球通史》。

这当然很聪明，但武王和周公更智慧。他们不但给自己加冕，也给各路诸侯加冕，还授予诸侯们分封大夫的加冕权。结果方方面面、上上下下，都弹冠相庆，冠冕堂皇。相比之下，纳尔迈只给自己加冕，就收买不了那么多人心。

更何况，这种自己给自己加官进爵的事，谁不会做？最后，那王冠便戴到了利比亚人和埃塞俄比亚人的头上。

再看亚述。

亚述也曾经是两河流域的“天下之王”，这是一位古亚述国王的原话。这位国王在世时，我们这边商汤灭了夏桀，埃及的中王国则被希克索斯人所灭。不过古亚述这“天下之王”并没做多久，真正崛起的是古巴比伦。[1]

但到我们的东周时期，亚述却突然空前强大。亚述先后征服了小亚细亚东部、叙利亚、腓尼基、以色列和巴比伦尼亚，后来又侵入阿拉伯半岛，征服埃及，毁灭埃兰，成为不可一世的帝国。这个帝国横跨西亚和北非，将美索不达米亚和埃及这两大古老文明，都置于自己的统治之下。

一个国家有如此众多的民族、如此辽阔的领土，这在世界历史上是第一次。

亚述面临的挑战，不亚于周。

然而他们的办法却似乎只有一个：杀人。亚述国王的残暴令人发指，屠城和虐俘的记录则不绝于史书。亚述铭文中居然充斥着这样的句子：我像割草一样割下他们的头颅，我像踏板凳一样踏在巴比伦王的脖子上，谁敢造反我就把他的皮剥下来铺在死人堆上，我要用他们的尸体把城市的街道填平。他们甚至一把火烧毁了巴比伦城，还把灰烬作为纪念品带回去供在自己的神庙里。[2]

结果是什么呢？是他们的文明连同他们的帝国一并灭亡，而且不再复活，尽管亚述堪称人类历史上的“第一帝国”（请参看本中华史第九卷《两汉两罗马》）。

跟亚述一样上了“文明毁灭黑名单”的，还有埃及、巴比伦、哈拉巴、克里特、奥尔梅克、赫梯、波斯、玛雅等等，不下二三十种。历史的进程确实残酷。

延绵不绝的是中华文明，起死回生的则是希腊—罗马文明。希腊城邦和罗马帝国虽然不复存在，却“人虽亡而政不息”，反倒波澜壮阔地发展为西方文明。与此同时，伊斯兰文明后发制人，勃然崛起，席卷全球。不难预测，未来世界恐怕将只能是西方文明、伊斯兰文明和中华文明唱主角。

问题是，何以如此？

这是一个“斯芬克斯之谜”。

斯芬克斯之谜

斯芬克斯（Sphinx），是希腊人对狮身人面像的称呼。不过，古希腊的斯芬克斯却有两只翅膀。这就比古埃及那个长着石灰石脑袋的家伙显得轻盈娟秀，也就能超越时空从雅典飞到费城。

翅膀是重要的。

是啊，没有翅膀就不能飞向远方。但怎样飞翔，却还要看是什么样的翅膀。

中华的翅膀，是忧患心理和乐观态度。

的确，忧患是我们民族文化的底色。从《诗·小雅·小旻》的“战战兢兢，如临深渊，如履薄冰”，到孟子的“生于忧患，死于安乐”，再到以《义勇军进行曲》为国歌，忧患意识几乎贯穿了整个中华史。

这是对的。历史的经验证明，任何一个政权，忧患则生，安乐则死。个人也一样。所以，士大夫固然要“先天下之忧而忧”（范仲淹），诗人们也得“为赋新词强说愁”（辛弃疾），因为“忧从中来，不可断绝”（曹操）。甚至就连妓女丫环、贩夫走卒、引车卖浆之流，据说也懂得“天下兴亡，匹夫有责”的道理，从而忧国忧民。

但，我们民族又是乐观的。我们相信天遂人愿，相信善恶有报，相信事在人为，相信事情再坏也坏不到哪里去，即便有了坏事也焉知非福。因此，我们不改其乐，哪怕苦中取乐，也总归乐在其中。

既忧患又乐观，就有礼有乐。礼就是理，讲伦理，讲秩序，体现忧患；乐就是乐，讲快乐，讲和谐，造就乐观。礼和乐，是两个基本点，也是两只翅膀。

那么，希腊的翅膀是什么?

科学精神和艺术气质。

正如罗马人痴迷于法律，希腊人则陶醉于科学。希腊人的科学不是实用主义的，他们是“为思想而思想，为科学而科学”。所以，他们能把埃及人用于测量土地和修建金字塔的技术变成几何学，也能把巴比伦的占星术变成天文学。有科学这双翅膀，希腊文明就超越了他的埃及爸爸、美索不达米亚妈妈，成为第二代文明中的佼佼者。

◎ 俄克喜林库斯莎草纸上的《几何原本》残片

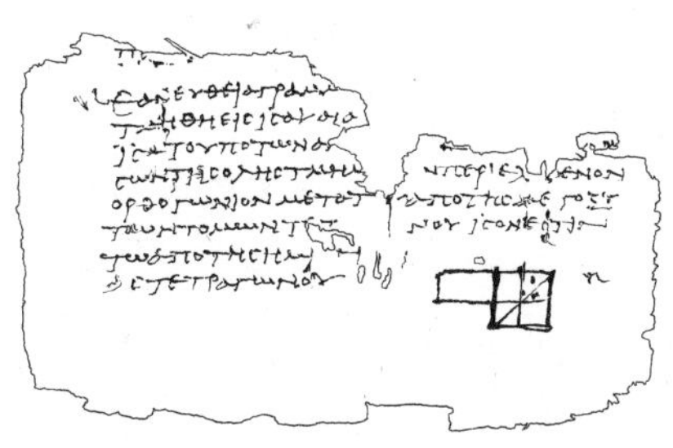

公元 1 世纪前后出土。《几何原本》成书于公元前 3 世纪左右，被认为是欧几里德结合前人成果以及其个人创造而成的不朽著作。全书共十三卷，以演绎法作为基本理论，总结了平面几何五大公设。它是欧洲数学的基础，在两千多年间，被誉为历史上最成功的教科书，更成为严密思维的范例。

◎ 安提基特拉机械残骸及复原部件图

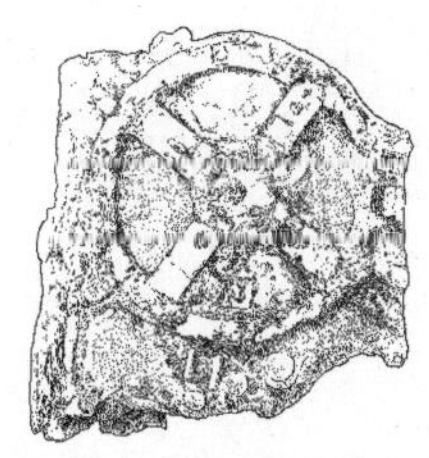

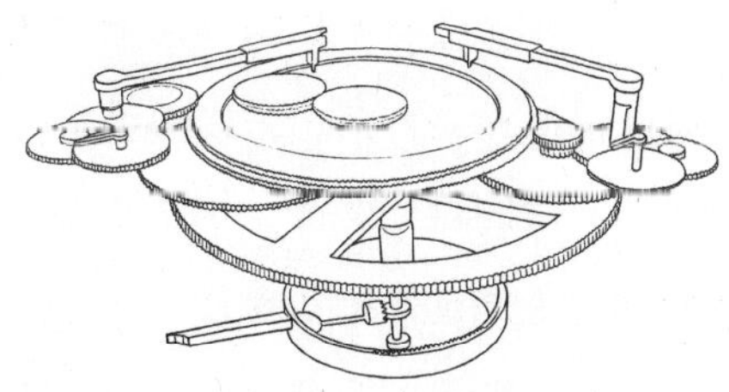

安提基特拉机械建造于公元前 2 世纪左右，目前已发现 82 块残骸。这件古希腊天文学和数学理论相结合的产物，是世界上至今已知最早的齿轮装置。通过研究残骸上的齿轮，结合镌刻的希腊铭文操作手册，已证实这个机械装置不仅能计算恒星和行星的位置，还可以预测月食和日食。

然而希腊人又极具艺术气质。正如马克思所说，他们是“正常的儿童”，也是人类童年发展得最完美的地方，因此能“为艺术而艺术，为审美而审美”。这种纯粹，使他们即便是在纵欲和淫乐时，也毫无负罪感，更不会道貌岸然。只要干得漂亮，不管是谈天说地，还是寻欢作乐，都会得到满堂喝彩，而且喝彩的既包括朋友，也包括敌人。[4]

由此可见，科学和艺术，在希腊人那里是对立的，也是统一的。它们统一于单纯，统一于天然，统一于率真。事实上，希腊艺术原本就是感性精神和理性精神的统一。它们在尼采那里被分别叫做“酒神精神”（狄俄尼索斯精神）和“日神精神”（阿波罗精神），前者体现于音乐，后者体现于造型艺术，尤其是雕塑。

希腊精神是互补的。

同样，忧患心理和乐观态度，也是一个互补结构。忧患是底色，乐观是表情，正如希腊艺术气质的背后，其实是科学精神。它们对立统一，相辅相成，缺一不可，共同塑造着一个伟大民族的精神风貌。

也许这就是秘密所在——那些毁灭了的文明，很可能都是一条腿在走路。

然而希腊与中华，却又迥异其趣。

总体上说，希腊文明是外向和进取的，中华文明则是内向和求稳的。我们的忧患，其实是对乱的恐惧，对治的祈求。因此，尽管两种文明都有翅膀，飞行方式却截然不同。希腊人是远航，我们是盘旋。因为远航，他们浴火重生；因为盘旋，我们超级稳定。秦汉以后，甚至西周以后，无论怎样治乱循环改朝换代，都万变不离其宗。

这又是为什么？

文化内核

原因在“文化内核”。

什么是文化？文化就是人类生存和发展的方式。任何时代的任何民族都要生存，都要发展，这是相同的。但如何生存，如何发展，各自不同。不同在哪里？在方式。比如有的靠游牧，有的靠农耕，有的靠商贸，有的靠掠夺。海盗和山贼，也是有“文化”的。

文化，就是方式。

但，任何一个文化成熟的民族，都会有一个总方式。正是这个总方式，决定了民族文化的具体方式，包括为什么西方人吃饭用刀叉，中国人用筷子；也包括为什么西方人喜欢十字架，中国人喜欢太极图。

这个总方式，就叫“文化内核”。

那么，它是什么?

西方是个体意识，中华是群体意识。

我们知道，人，是个体的存在物，也是社会的存在物。没有个体，不可能构成社会；离开社会，个体又不能生存。因此，任何民族，任何时代，任何社会，都有一个群体与个体的关系问题，无一例外。

区别只在于，以谁为本位。

所谓“个体意识”，就是“以个人为本位”，叫“个人本位主义”，简称“个人主义”。个人主义不是自私自利，不是唯我独尊，更不是损人利己。相反，彻底的个人主义者反倒有可能会利他，因为利他其实是可以利己的。

这里面当然也有各种情况。境界高一点的人认为，利他能给自己带来快乐，这就叫助人为乐。境界低一点的则认为，通过利他来利己，比通过损人来利己，风险更小而效益更高，这就叫人我两利。至少，真正的个人主义者不会损害他人。因为他很清楚，我是个人，别人也是。我有个人利益，别人也有。我的个人利益不想被损害，别人也会这样想。既然如此，那就“己所不欲，勿施于人”。

但无论哪种，有一点是相同的——个体本位，个人优先。不是什么“大河不满小河干”，而是没有涓涓细流，就没有大江大海。因此，即便为了集体利益，也得保护个人。

群体意识则相反。

所谓“群体意识”，就是“以群体为本位”，包括在思想意识和观念上，认为先有群体，后有个体；先有社会，后有个人。族群、社会和国家在个人之上，个人则是其中的一分子，一损俱损，一荣俱荣。

因此，个人的价值，首先体现于他所属的群体，比如家族和单位；个人的功过，也影响到甚至决定着整个群体的荣辱。一人得道，鸡犬升天；一人获罪，满门抄斩。这就叫“以群体意识为文化内核”。

问题是，文化内核不同，又怎么样呢？

翅膀便不同。

希腊人和西方人既然是个人本位的，组成社会就只能靠“非人的第三者”，比如契约。这就必须理性，而且得是科学理性。他必须像看待数学题一样看待社会问题，像遵守运算法则一样遵守社会规范。但同时，又必须有一个出口，以便在被规范和压抑之余，感性冲动也能得到宣泄和释放。

这就有了艺术。

艺术是狄俄尼索斯的世界。在那里，他们不妨酩酊大醉，激情迸发，为所欲为。如此一番放纵之后，就可以心平气和地回到阿波罗身边，继续理性静观和遵纪守法。狂欢节的意义，即在于此。

所以，希腊人有两只翅膀：科学与艺术；罗马人也有两只翅膀：法律与宗教。它们都是互补结构，也都体现了个体意识。因为这两只翅膀就像十字架，以自我为中心向外伸展，最后又回到了自己。

实际上，当希腊人体现科学精神时，他们面对的是自然界；体现艺术气质时，他们面对的是人自己。这就正如罗马人，面对法律，看见的是物；面对上帝，看见的是心。

群体与个体的矛盾，就这样得到了化解，实现了平衡。

只不过，正如本中华史第九卷《两汉两罗马》将要讲到的，当罗马人皈依了基督教时，罗马文明也走到了尽头。那两只翅膀帮助西方现代文明起飞，要到文艺复兴之后。

那么，我们民族呢？

无神的世界

我们跟西方相反。

没错，华夏民族也有理性，但不是科学理性，而是道德理性或伦理理性。这种理性认为，人类天然地就是“群体的存在物”。群体是先于个体的，也是高于个体的。没有群体就没有个体，就算存在也没有价值。个体存在的价值、意义和任务，就是在群体中找到自己的位置，并恪守本分，作出贡献。因此，面对他人，要克制自己，叫“克己复礼”；面对自己，则要融入集体，叫“天伦之乐”。

显然，我们的忧与乐，都是群体和群体性的。是啊，想那天下原本属于圣上，它的兴亡干我等草民屁事，为什么要事事关心？只因为家国一旦沦亡，就没了安身立命之本，也就会累累如丧家之犬，惶惶然不可终日，这才性命攸关。

实际上，事事关心也好，匹夫有责也罢，我们最

是群的解体。因此中国人的忧患不是忧天，而是"上

下忧其民"。同时也乐观，相信"天不会塌下来"，也不能

来。天是"人之父母"，如果塌了，奈苍生何？

老天有眼，当然是一种"有意识的自欺"，却又是"很必要的自欺"。无此自欺，内心就会崩溃。何况谁都清楚，那只是心理安慰和精神支持。天下的太平和社会的稳定，落到实处还得靠士农工商军民人等，靠大家心往一处想。老天爷其实靠不住，宗教和神就更不靠谱。

必须"以人为本"。中华文明的第一种精神产生了。

这就是"人本精神"。

中华文明也有人本精神吗？有，但与西方不同。西方在古希腊时就是"人本"，却又在中世纪变成了"神本"，这才需要文艺复兴，在更高的层次上回到"人本"。我们的人本精神则是相对于商的。商神本，周人本，如此而已。

但更重要的，是"人"不同。

西人是个体的、独立的、自由的，华人则是群体的、家国的、伦理的。维系群体，靠的是宗法制度、礼乐教化和血缘关系。我们相信，所有人都是"人生父母养"，所有人也都"未敢忘忧国"。因此，重莫大于孝，高莫大于忠，哀莫大于心死，乱莫大于犯上。任何时候，稳定都压倒一切。

然而《周易》说过，世界永远在变化，唯一不变的就是“变”。何况长翅膀原本为了飞翔，岂能不动？要动，又要稳，就只能盘旋。要变，又不能乱，则只能变成太极图。

太极图是什么？阴阳二极的内循环或窝里斗。它们可以旋转，可以消长，可以起伏，还可以互换，但不能出圈。至于那“二极”，可以是礼与乐、儒与道、官与民、出与入，等等等等。但总之，是人不是神。

也因此，要礼乐，不要宗教。

礼乐是从巫术演变而来的。前面说过，进入国家时代以后，原始时代的图腾和巫术都得变。巫术在印度变成了宗教，在希腊变成了科学，在中国变成了礼乐。图腾在埃及变成了神，在罗马变成了法，在中国则变成了祖宗（请参看本中华史第二卷《国家》）。只不过，这一变化绕了一个弯：夏把图腾变成了祖宗，商把祖宗变成了神，周又把神变成了圣。

神变成圣，宗教的发生就没了可能。

是的，没有可能。因为圣是人，不是神。圣人崇拜是人的崇拜，不是神的崇拜。何况周人之所以要圣，就因为不想要神。因此，我们不可能产生真正的宗教，哪怕人神共处，或者上帝的归上帝，凯撒的归凯撒。

中华文明，注定只能是“无神的世界”。

空头支票你要不要

没有宗教，就不会有信仰。

什么是信仰？严格地说，信仰就是对超自然、超世俗之存在坚定不移地相信，比如上帝或安拉。这样的存在不属于自然界，不能靠科学实验证明；也不属于人类社会，不能靠日常经验证明。没办法，只能“信仰”。

难怪德尔图良大主教说：正因为荒谬，我才信仰。[5]

这样的对象，华夏历来没有。我们之所有，或者是自然的，如荀子的天；或者是世俗的，如墨子的义；或者既是自然的，又是世俗的，如孔子的命。死生有命，是自然的；富贵在天，是世俗的。就连老子的道，也一样。

至于殷商的上帝，则是他们的祖宗帝喾，以及其他已故的商君，即“天上的帝王”，也不是宗教意义上的神。

当然，民间并不是什么都不信。比如信神，信鬼，信风水，却其实“信而不仰”。和尚、道士、风水师，都可以花钱雇。至于烧香拜佛，则不过例行公事，又变成了“仰而不信”。你要让他真信，必须显灵。所谓“信则灵”，说穿了是“不灵就不信”，或“灵了我才信”。标准，是管不管用。

由是之故，我们民族的信，没有定准。祖宗、菩萨、狐仙、关老爷、玉皇大帝、太上老君，都可以是崇拜对象。某些农村的神龛里，还有“老一辈无产阶级革命家”。国人对他们，一视同仁地给予礼遇。只要这些神灵能给自己带来实际上的好处，我们是不忌讳改换门庭的。

这是典型的实用主义和经验主义。

它的背后，则是中华文明的第二种精神。

这就是“现实精神”。

所谓“现实精神”，也就是不承认“彼岸世界”。既没有宗教的彼岸，也没有哲学的彼岸，甚至没有科学的彼岸。因此，杞人忧天一直传为笑柄，清谈则被认为会误国。难怪魏晋玄学只能昙花一现，还要在后世备受诟病，尽管两晋之亡未必由于清谈（请参看本中华史第十一卷《魏晋风度》）。

总之，所有一切抽象的、玄远的、非世俗的、不能兑现的，都不在视线范围之内。什么天堂，什么来世，什么末日审判，什么极乐世界，这些空头支票才没人当真感兴趣，只能哄骗愚夫愚妇。我们真正感兴趣的，还是君臣父子，三纲五常，哥们义气，天地良心。这些都不是信仰，但是管用。

◎ 越南高台教壁画

图为高台教尊奉的诸神。由上自下，第一排中释迦牟尼，左老子，右孔子；第二排中李白，左观音、右关羽；第三排耶稣；第四排姜太公。

我们真想要的，也是世俗的生活。

是啊，男耕女织，四世同堂，父慈子孝，共享天伦，才最是其乐融融。就连桃花源中人，过的也是这种日子；就连

《天仙配》里的七仙女，向往的也是这种生活，更不用说芸芸众生了。他们主张的是“心动不如行动”，是“说得到做得到”，甚至“今朝有酒今朝醉”，或者“好死不如赖活着”。

这也是一种乐观。

或者说，也是一种艺术。

于是，中华文明就有了第三种精神。

这就是“艺术精神”。

艺术精神不是艺术气质。希腊民族的艺术气质是与生俱来的，是他们童年性情的率真表现，所以才那样烂漫天真。我们民族的艺术精神，却是维稳的手段和结果，是一种陶冶和教化。后世儒家甚至编造出谎言，说帝舜命令后夔（读如葵）掌管文学艺术，以此培养贵族子弟的健全人格。后夔则保证，只要他奏乐，就连野兽和野蛮人都会跳起舞来。[6]

说到底，还是礼乐教化。

显然，这样的艺术，不可能是“纯艺术”，只能是“泛艺术”。因此，在我们民族这里，几乎任何事情都能够变成艺术，比如领导艺术、管理艺术、教育艺术。换句话说，即便不能变成艺术，也能把它们艺术化。

艺术化的境界是达成和谐，底线是糊住面子。有这样一层脉脉温情的面纱遮掩，哪怕尔虞我诈，勾心斗角，明枪暗箭，专制独裁，都不至于太难看。至于小民，则可以苦中取乐，忙里偷闲，舒展眉头把日子过下去。

奇怪！我们民族不要宗教的空头支票，却陶醉于艺术的自我安慰，并持之以恒乐此不疲，又是为什么？

也许还得问周公。

大盘点

据说，周公摄政一共七年。头三年平息叛乱，第四年封建诸侯，第五年营建成周，第六年制礼作乐，第七年还政成王。礼乐制度，是他最后的作品。

可惜没人知道周公怎么想。

何况奠基中华的，也不止他一个人。

但做一个盘点，是可以的。

何况线索也很清晰，起点则在忧患意识。也就是说，正因为忧患“天命无常”而“不易为王”，这才有了“君权天授”。然而就连周人自己也认为，天视自我民视，天听自我民听，他们的领导权和代表权，名为“天授”，实为“民授”。这就必须“以人为本”，也就有了“人本精神”。[7]

而且，这种精神还可以也应该这样表述——

天人合一归于人。

当然，得补充一句：是群体的、家国的、伦理的人。

群体至上，就只能“以德治国”。何况我们民族国家的建立，并没有经过“炸毁氏族组织”的革命，反倒直接从氏族和部落过渡而来。夏商周，都如此。周人建立的国家联盟，更是家国一体的家天下。基础，是井田制的小农经济；纽带，是宗法制的血缘关系。对于这样的群体，德与礼，显然比法律和宗教更合适，也更管用。

德治的结果是人治，以德治国也必然变成圣人治国。这倒是相当契合人本精神。于是有了“一个中心”，这就是德治；也有了“两个基本点”，这就是礼和乐。礼乐是“行得通的力量”，圣人是“看得见的榜样”。以圣人代神祇，以礼乐代宗教，势必将人们的目光引向世俗社会，引向一个个可以落到实处的道德规范。忠不忠，看行动。“现实精神”产生了，它可以也应该这样表述——

知行合一践于行。

同样也得补充一句：是群体的、家国的、伦理的行。

这样一来，也就不难理解“艺术精神”。实际上，艺术就是“以最独特的形式，传达最共同的情感”。形式独特，就引人入胜；情感共同，就引起共鸣。共鸣，就心心相印，就息息相通，就团结友爱，就同心同德。

总之，艺术的功能之一就是“群”。以喜闻乐见的形式实现“群体意识”，则是中国艺术的特征。因此，我们民族的“艺术精神”可以也应该这样表述——

礼乐合一成于乐。

毫无疑问，这里说的乐，是音乐（艺术），也是快乐（审美）。但无论艺术还是审美，也无论其风格是温柔敦厚、汪洋恣肆、恬淡虚静还是潇洒飘逸，都是群体的、家国的、伦理的，也是和谐的。即便有戏剧冲突，亦无非忠与孝、仁与义、人情与王法的矛盾；而冤案则总能平反，结局肯定大团圆。因为我们不但要忧国忧民，还要自得其乐。

忧患是出发点，快乐是终点站，群体意识则是一以贯之的文化内核，也是中华文明的地基和承重墙。

这就是周人的遗产，是他们文化创新和制度创新的产物：一个内核（群体意识），两只翅膀（忧患心理、乐观态度），三大精神（人本、现实、艺术），四种制度（井田、封建、宗法、礼乐），堪称体大思精、尽善尽美。

实际上，从君权天授，到以人为本，到以德治国，再到以礼维序，以乐致和，周人创造的，原本就是一个完整、自洽、互补、稳定的系统，涵盖了经济、政治、社会、文化诸多方面。因此，中华文明超级稳定毫不奇怪，展翅盘旋就更是当然。后来即便外族入侵，也只是大水冲了龙王庙。

周人，也许真是皇天上帝的“嫡长子”。

嫡长子是有特权的。在此后将近五六百年的大好时光里，周的君子和淑女们青春年少，心智洞开，遂演绎出独具一格无法复制的倜傥风流。

那才真是我们民族的“青春志”。

本卷终

请关注下卷《青春志》

后记

时间开始了

1. 观念

对于我们人类来说，有三个问题是普遍而永恒的：是什么、为什么、怎么办。自然科学、社会科学和人文学科，其实都在各自领域试图回答它们。只不过，并非所有人都能够回答，或愿意回答。

比如历史学。

在人文学科（文史哲）当中，历史学，尤其是考古学，可能最接近于自然科学。持之有故，言之有据，可以说是基本要求。所以，学历史的，尤其是学古代史和世界史的，要比像我这样学文学的靠谱，也比一般学哲学的靠谱。没有证据的话他们不会说，以论带史更是史家大忌。先入为主，主观臆断，结论在前，在史学界都是违反职业道德的。

由此造成的结果，是历史学家一般更愿意描述“是什么”，而不愿意回答“为什么”，哪怕仅仅是为了避嫌。

这很让人尊敬，但也遗憾。

没错，在尚未掌握大量证据，甚至在尚未接触史料之前，就先验地设定一个框架，然后按照某种所谓“范式”去进行撰述，是危险的。历史不是布料，可以随便裁剪。历史学也不能是布店或中药铺。没有人能把整匹布披在身上。把药材按照一定的顺序放进一个个小抽屉里，标明黄芪、党参、当归、白术等，则充其量只是数据库，不是历史学。

因此，反对“以论带史”，不能因噎废食到不要史观。事实上，一个伟大民族的文明史，也一定同时是她的观念史。正是观念，或者说，价值取向，决定了这个民族的文明道路。观念的更新或坚守，则构成历史的环节。这些环节就像古埃及的诺姆（部落和部落国家），被尼罗河联成一串珠链。

观念，就是尼罗河。

构成价值观发展演变河床的，则是逻辑。

与逻辑相一致的历史，是“真历史”。按照真实逻辑来阐述真实历史，就叫“思辨说史”。这样一种撰述，哪怕文字的表述冉文学，骨子里也是哲学的。显然，这需要史观，需要史识，需要史胆，甚至需要直觉和灵感。

也许，还需要天赋。

当然，也需要启迪。

2. 启迪

启迪来自方方面面。

与专业的历史学家不同，我更喜欢琢磨“为什么”。除了天性以外，也多少受好朋友邓晓芒的影响。晓芒是超一流的哲学家。20世纪80年代初，我和他一起做中西美学比较，便讨论过中西文化的本质区别。也就在那时，晓芒便提出中国文化的内核是“群体意识”，西方文化的内核是“个体意识”，两种文明也各有两只翅膀，即文化心理的互补结构。内核的说法是邓晓芒的创新，互补结构则受到徐复观、李泽厚和高尔泰等先生的启发，思想源头更要追溯到尼采。

这些观点，后来写进了我们合著的《黄与蓝的交响》一书，现在则成为本卷的思想基石。[1]

不过这绝非“概念先行”。相反，这些结论本身就是研究的结果。而且，以后我的一系列研究成果，则一再证明它们是成立的。至少，逻辑自洽。

在此基础上，我在20世纪90年代初，又提出了中华文明的三大精神——人本精神、现实精神和艺术精神。

这是受到汤一介先生的影响。汤先生认为中国文化的精神是天人合一、知行合一和情景合一。但我认为，礼乐合一比情景合一更合适。而且，准确的说法，应该是“天人合一归于人，知行合一践于行，礼乐合一成于乐”。这样说，才能完整地表述我们民族的精神。[2]

由此便有了这样的说法：一个内核（群体意识），两只翅膀（忧患心理和乐观态度），三大精神（人本精神、现实精神、艺术精神）。体系构建起来了。

这是一个文化系统。

系统是一定有逻辑起点的。而且，系统的建立虽然是一个渐进的过程，但其中肯定会有一个决定性的时刻。那么，这个时刻可能在何时，可以称之为“奠基者”的又是谁呢？

直觉告诉我，是周人。

3. 直觉

把周公或周人看作中华文明的耶稣基督或穆罕默德，不算创见。学界的主流意见，也大体如此。问题在于，为什么不是夏，不是商，而是周？[3]

也许，因为周原在“两河之间”。

这是写中华史第二卷《国家》时发现的。在巡航高度可以清楚地看到，除埃及文明只有一条母亲河外，西亚、印度和华夏，都诞生在两河流域。西亚是幼发拉底河与底格里斯河，印度是印度河与恒河，西周文明则发源于泾水和渭水之间。以后发展为中华文明，又在长江与黄河之间，仍然还是“美索不达米亚”。

两河之间的冲积平原，是农业民族的福地。然而埃及文明衰亡了，西亚文明陨落了，印度多元多变多种族，很难说有统一的印度文明。只有中华文明三千七百年延续至今，虽不免老态龙钟麻烦不少，却仍然具有顽强的生命力。

直觉告诉我，这里面必有文章。

文章就在制度。

与埃及、西亚和印度不同，周人创立了当时世界上最先进、最优秀也最健全的制度——井田、封建、宗法、礼乐。井田是经济制度，封建是政治制度，宗法是社会制度，礼乐是文化制度。更重要的是，这些制度环环相扣，配套互补，符合中国国情。因此，是稳定的。

这是一个系统工程。

制度工程的背后，是观念体系。从“君权天授”，到“以人为本”，到“以德治国”，再到“以礼维持秩序，以乐保证和谐”，本身就是一个完整和自洽的系统。周人，确实是“早熟的儿童”；周公，确实是“文化的始祖”。

但，这样说，要有证据。

4. 证据

就说“以德治国”。

周人重德，有大量的文献可以证明。问题是，单靠文献，不足为凭。比如按照《尚书》的说法，商王盘庚也是讲德的。那么，“以德治国”是周人独有的观念，或者说，真是从西周开始的吗？[4]

这可得拿出铁证来。

办法是先查殷商时期的甲骨文和金文中，有没有“德”字。如果有，再看其含义是不是“道德的德”。

结论很快就有了。甲骨文有德，但词义是“得到”，也表示“失去”。《古文字诂林》中，没有殷商时期金文的德。金文的第一个“德”字，见于何尊。何尊是西周青铜器，而且是成王时期的作品，记载了周公营建成周（洛阳）的史实，叫“宅兹中国”。这也是“中国”一词的最早文字记载。

金文的“德”与“中国”同时出现，岂非“天意”？

实话说，当我一眼发现这秘密时，真是按捺不住心中的狂喜。但我不敢造次，立即联系上海博物馆青铜器研究部的胡嘉麟老师，请他帮我排雷。

我问：殷商青铜器上有“德”字吗？

胡老师说，应该没有。

我又问：何尊上的“德”，是目前发现最早的金文“德”字吗？

胡老师说，目前是。

我再问：这个“德”，是“道德的德”吗？

胡老师说，是。因为原文是“恭德裕天”。他还特地提醒我：并非所有金文的“德”，都是“道德的德”。比如德鼎和德方鼎的“德”，就是人名。

我眼睛一亮：灵感来了！

5. 灵感

灵感来自字形之别。

金文的“德”与甲骨文的“德”，有一个明显的区别，就是甲骨文由“彳”和“目”组成，金文则多出一个“心”。《古文字诂林》收入“德”字甲骨文共二十个，都没有“心”。金文中，不表示“道德”（比如用作人名）的，也没有“心”。字形，与甲骨文更是如出一辙。

这就说明，道德之德，即“有心之得”。而且，把“眼中所见”（得到）变成“心中所得”（道德）的，正是周人。事实上，何尊所谓“恭德裕天”，就是“以德配天”思想的体现。这种思想大量见于文献记载，现在又有青铜器为证。“以德治国”为周人所独有独创，已是铁证如山。

不，“铜”证如山。

后面的推理也瓜熟蒂落，水到渠成。道德的德，既然是跟“天”，跟“中国”联系在一起的，则“受天命而居中国，居中国者治天下”，岂非就是周人的政治理念？后来，历代皇帝都自称“奉天承运”，北京天坛的占地面积远大于紫禁城，岂非正是周人思想的延续？[5]

周，难道不是中华文明的奠基者？

当然是。

灵光现，百事通。其他，比如商礼为仪，周礼为制，又如神授是宗教性的，天授是伦理性的，以及姬周株式会社等，已无须赘述。反正，中华文明的基石奠定了，时间也开始了。[6]

逻辑成立，证据确凿，剩下的是细节。

6. 细节

细节很重要。

重要是不言而喻的。这不仅因为细节决定成败，也因为本中华史追求的叙事方式，是希望能像纪录片《我们的故事：美国》一样，做到“大历史，小人物”，有宏大格局又非宏大叙事。只有这样，历史才会是生动鲜活、贴近人性的。

然而做起来却其实很难。因为所谓“二十四史”，基本上是“帝王家谱”。小人物的故事，上哪儿找去？事实上，本卷提到的那个“爱国贼”南蒯，便已经是能够找到的最小的小人物了。作为季孙氏大夫的家臣，他根本就没资格树碑立传。能留下姓名已是万幸，哪里还能指望随处可见？

看来，也只能依靠直觉和灵感，但更重要的还是要有这个意识。有此意识，便总能在宏大叙事中发现漏网之鱼。

其实“爱国贼”南蒯这个人，是我在读杨宽先生《西周史》时发现的；而第二卷《国家》中古希腊那个“卖香肠的”，则是读斯塔夫里阿诺斯《全球通史》时发现的。该书只是把《阿里斯托芬》这部讽刺喜剧的片段，作为链接附在正文旁边，我却认为大有文章可做。通过吉尔伯特·默雷的《古希腊文学史》，我查到了《骑士》公演的时间是在公元前424年，于是很快就在《史记·赵世家》中找到了东周晋国的故事。那个莫名其妙被杀的倒霉鬼，虽然是“君之子”，却名不见经传，也是“小人物”呢！

但，一个“卖香肠的”，一个“掉脑袋的”，搁在一起好玩极了。希腊民主制和西周封建制的比较，更是意味深长。

实际上西周对于中华文明的意义，是相当于希腊之于西方文明的。只不过借用马克思的说法，希腊人是“正常的儿童”，我们民族则是“早熟的儿童”。因此在各自的童年时代，当然会表现出不同的气质。

这是下一卷要讲的。

附：修订本后记

不知道若干年后，还会不会有人仍然记得2016年盛夏的酷热，但我是不会忘记的。因为当时我在热浪包围的江南某镇，用一个多月的时间将前三卷《祖先》《国家》和《奠基者》修订了一遍。毕竟，2012年开始写作的这三卷就像小母鸡的头生蛋，带着血丝，个头也小。现在，前十六卷已经出齐，我们也从先秦走到了隋唐，该修订一下了。

改稿其实并不容易，有时候甚至比写作还难。但是为了精益求精，有必要对自己进行革命。因此《国家》一卷不少章节干脆推倒重来，我称之为“政变式改稿”。

非常感谢编辑团队表示了充分理解，他们也对原来的插图和排版做了调整甚至更新。可以说，我们一起做了苹果手机常常做的事情。只不过，尽管新版的页码增加了，印刷成本也增加了，定价却不变。我们的唯一目的，就是想让产品更好一些。如果由此给读者带来不便，我深表歉意！

易中天

2016年8月23日

注释

总注

本卷涉及之西周史实，均请参看司马迁《史记·周本纪》、范文澜《中国通史》、翦伯赞《先秦史》、杨宽《西周史》、许倬云《西周史》。

第一章

1 以上事见《史记·殷本纪》，但司马迁只说殷纣王“登鹿台，衣其宝玉衣，赴火而死”，没说火是谁放的。《史记正义》引《周书》称：“纣取天智玉琰五，环身以自焚。”

2 夏商周不是三个朝代，而是“中国”的三个代表，详见本中华史第二卷《国家》的阐述。周武王来不及脱下战袍就“格于庙”，见《逸周书·世俘解》。

3 周公是否“摄政称王”，学界历来争议很大。有说他摄政称王的，有说他只摄政不称王的，还有说他既没摄政也没称王的。但说他是主要领导人，应无问题。

4 以上见《诗经·大雅·生民》,《史记》之殷本纪、周本纪。

5 公亶父，《史记》和许多历史著作都称为“古公亶父”，是不对的。《诗经》中“古公亶父”的“古”，是“昔”的意思，请参看杨宽《西周史》。

6 周原的野菜是甜的，见《诗经·大雅·绵》:“周原膴膴，堇荼如饴。”猫头鹰叫起来都像唱歌，见《诗经·鲁颂·泮水》:“翩彼飞鸮，集于泮林。食我桑葚，怀我好音。”

7 《诗经·小雅·无羊》:“谁谓尔无羊？三百维群。谁谓尔无牛？九十其犉。尔羊来思，其角濈濈。尔牛来思，其耳湿湿。”

8 《诗经·大雅·公刘》的原文是:“笃公刘，匪居匪康。乃场乃疆，乃积乃仓；乃裹糇粮，于橐于囊。思辑用光，弓矢斯张；干戈戚扬，爰方启行。”

9 商人的酒器有尊、罍（读如雷）、卣（读如有）、斝（读如假）、爵；周的食器有鼎、簋（读如鬼）、盨（读如须）、鬲（读如利）、豆。

10 见尼采《悲剧的诞生》。

11 周人的这个说法见《诗经·鲁颂·閟宫》。

12 请参看许倬云《西周史》。本节论述大量引用了许先生的观点和研究成果，恕不能一一注明，谨此鸣谢。

13 见《周易·系辞下》：作《易》者其有忧患乎？……《易》之兴也，其当殷之末世，周之盛德邪？当文王与纣之事邪？

14 见《尚书·周书·泰誓中》。

15 这句话是《周易》乾卦第五爻（九五）的爻辞。

16 请参看许倬云《西周史》。

17 见《史记·周本纪》，下同。

18 周公的始封和移封，请参看许倬云《西周史》。

19 见《史记·鲁周公世家》。

20 关于革命的合理性和政权的合法性问题，《诗经·大雅》中的《文王》《皇矣》《荡》，《尚书》中的《大诰》《酒诰》《召诰》《君奭》等，都在回答。

21 居中国其实只是一个含糊的说法，与地理位置的关系并不是绝对的，否则不可能迁都。偏安一隅当然不行，适当移动则未尝不可，这里不展开讨论。

22 见《诗经·大雅·文王》。

23 这个谎言在春秋已流传甚广，但《国语·鲁语上》只是谈到了祭祀的体系，形成谱系的是司马迁，见《史记》之周本纪、殷本纪、夏本纪和五帝本纪。

24 “皇天上帝，改厥元子”，见《尚书·召诰》；“文王在上，于昭于天”，见《诗经·大雅·文王》。

25 “射天”的仪式或游戏，见《史记》之《殷本纪》和《宋世家》，并请参看许倬云《西周史》。

26 王国维《殷周制度论》称：殷周之变，乃是“旧制度废而新制度兴，旧文化废而新文化兴”。

第二章

1 见《史记·周本纪》。

2 夏尚黑，商尚白，周尚红，见《礼记·檀弓上》。《吕氏春秋·应同》则称夏尚青，商尚白，周尚红。依范文澜《中国通史》及出土文物，夏尚黑是。

3 见伊佩霞《剑桥插图中国史》中译本序言及第一章。

4 请参看崔连仲主编《世界通史》古代卷。

5 用“世界性君主”的表述来定义天子，堪称精准。见美国学者刘广京为伊佩霞《剑桥插图中国史》所撰《写在前面》。

6 牧野是一个表示地名的专有名词，还是“牧之野”的意思，春秋战国时期便有不同说法，请参看李学勤主编《西周史与西周文明》。

7 据《史记·周本纪》，周武王的联军有戎车三百乘，虎贲三千人，甲士四万五千，殷纣王则发兵七十万迎敌。占卜及姜太公主战，见《史记·齐太公世家》。

8 见《尚书·武成》《孟子·尽心下》。

9 请参看王晶波《失落的文明》。

10 见《左传·僖公十九年》。

11 见《礼记·檀弓下》。

12 孔子说“为俑者不仁”，见《礼记·檀弓下》；“始作俑者，其无后乎”，见《孟子·梁惠王上》。

13 见《尚书》之《泰誓上》《泰誓中》。

14 见《孟子·万章上》。

15 见《左传·襄公三十一年》。

16 请参看张荫麟《中国史纲》。

17 见《尚书·君奭》：“我道惟宁王德延。”

18 卫和宋是殷和商的音变，见杨宽《西周史》。

19 《周书·康诰》：“孟侯，朕其弟，小子封。惟乃丕显考文王，克明德慎罚；不敢侮鳏寡，庸庸，祗祗，威威，显民，用肇造我区夏，越我一二邦以修我西土。惟时怙冒，闻于上帝，帝休，天乃大命文王。殪戎殷，诞受厥命，越厥邦厥民，惟时叙，乃寡兄勖。肆汝小子封在兹东土。”

20 “德”在卜辞中被借用来表示“失”，见《古文字诂林》第二册第470页引罗振玉说。

21　何尊，1963年陕西宝鸡贾村塬出土，现藏宝鸡市博物馆。

22　有学者认为，商人已有德治观念，证据是《尚书》的《盘庚》多次提到这个问题。但此文是后人伪造，并不可靠。

23　见《孟子·公孙丑上》。

24　《诗经·商颂·那》："猗与那与，置我鞉鼓。奏鼓简简，衎我烈祖。汤孙奏假，绥我思成。鞉鼓渊渊，嘒嘒管声。既和且平，依我磬声。於赫汤孙，穆穆厥声。庸鼓有斁，万舞有奕。我有嘉客，亦不夷怿。自古在昔，先民有作。温恭朝夕，执事有恪。顾予烝尝，汤孙之将。"

第三章

1　东征将士的回忆，见《诗经·豳风·破斧》："既破我斧，又缺我斨。周公东征，四国是皇。哀我人斯，亦孔之将。既破我斧，又缺我锜。周公东征，四国是吪。哀我人斯，亦孔之嘉。既破我斧，又缺我銶。周公东征，四国是遒。哀我人斯，亦孔之休。"

2　伯禽分到六族，叔虞分到九族，这事有文献记载；姬克也分到六族，但不全是殷商遗民，有文物证明。均请参看许倬云《西周史》。

3《左传·僖公二十四年》:“昔周公吊二叔之不咸，故封建亲戚以蕃屏周。”

4 比如姜太公的齐国，就长期有两个姬姓的“上卿”，一个叫“国子”，一个叫“高子”，号称“二守”。

5 实际上，国原本叫邦，比如“邦交”，比如“邦有道”或“邦无道”。后来，由于避汉高祖的讳，许多文献中的“邦”都改成了“国”。因此，叫“邦”，叫“国”，叫“邦国”，都没错。

6 公侯伯子男五等爵制度，可能要到西周中后期才成熟。王社、国社、侯社，见《礼记·祭法》。

7 请参看许倬云《西周史》。

第四章

1 妾为女奴，见《古文字诂林》第三册第152页；女奴通称为妾，见《左传·僖公十七年》。

2 见《左传·昭公十二年》。

3 见《左传·昭公七年》。

第五章

1 事见《左传·昭公十四年》。

2 关于这一点，李泽厚先生《美的历程》有非常精彩的论述。

3 见《论语·里仁》。

4 见《左传·襄公十一年》。

5 见《礼记·乐记》。

6 见《论语·阳货》。

7 乡饮酒礼在清道光二十三年因经费原因被废。

8 溱，读如真。溱水源出河南密县。洧，读如委。洧水即河南双洎河。洎读如既。《诗经·郑风·溱洧》："溱与洧，方涣涣兮。士与女，方秉蕳兮。女曰'观乎？'士曰'既且。''且往观乎！'洧之外，洵訏且乐。维士与女，伊其相谑，赠之以勺药。"

第六章

1 自称"天下之王"的古亚述国王叫沙姆希·阿达德。

2 请参看张建、袁园《巴比伦文明》，北京出版社2008

年版。

3 此节论述请参看邓晓芒、易中天《黄与蓝的交响》。

4 见马克思《〈政治经济学批判〉导言》。

5 德尔图良（Tertullian）的话，见卡西尔《人论》。

6 见《尚书·舜典》。

7 “天命无常”原作“天命靡常”，见《诗经·大雅·文王》；“不易为王”原作“不易维王”，见《诗经·大雅·大明》。

后记

1 该书原名《走出美学的迷惘》，花山文艺出版社1989年版；后更名为《黄与蓝的交响》，人民文学出版社1999年版，武汉大学出版社2007年版，第一作者邓晓芒。

2 请参看拙撰《论中国文化的精神》，收入《中华文化研究》一书，厦门大学出版社1994年版。

3 王国维称，中国政治与文化之变革，莫剧于殷周之际（《殷周制度论》）；杨向奎称，没有周公，就没有礼乐文明和儒家思想，中华文明就会是另一种精神状态（《宗周社会与礼乐文明》）；陈来称，今天所谓“中国文化”，其基因和特点有许多都是在西周开始形成的，西周文化和周公思想形塑了中国文化的精神气质(《古代宗教与伦理》);启良称,周公是中华民族的“文化先祖”(《中国文明史》)。

4 周人重德,文献中屡见不鲜,如《尚书》之《泰誓》《康诰》《酒诰》《召诰》《多士》《君奭》《立政》,频繁出现“德”字,《诗经》和《左传》也有类似观念。商人讲德,见《尚书·盘庚》。但此文系伪造,不足为凭。

5 明清时期的天坛,东西长1700米,南北宽1600米,总面积272万平方米。紫禁城南北长961米,东西宽753米,总面积72万平方米。天坛占地面积大约为紫禁城的四倍。但紫禁城的建筑物比天坛多几十倍。文献记载中,长安天坛也是皇宫的四倍。

6 1949年10月2日,胡风在《人民日报》发表长诗,题目就叫《时间开始了》。至于中华文明真正开始的时间,当在西周。之前,应看作序曲。

谢谢。您选择的是一本果麦图书

诚邀关注“果麦文化”微信公众号

易中天中华史：奠基者

产品经理 | 王　敏
出版统筹 | 吴　畏
责任编辑 | 金荣良
学术顾问 | 陈　勤
法律顾问 | 黄荣楠

装帧设计 | Mirro
插图绘制 | 方佳翩
何　姝
高文婧
谈　天

内文设计 | 谈　天
后期制作 | 白咏明
特约印制 | 梁拥军
媒介推广 | 朱思梦
策 划 人 | 路金波

易中天中华史

第一部［先秦］01——06卷

01 祖先　02 国家　03 奠基者　04 青春志　05 从春秋到战国　06 百家争鸣

第二部［秦汉魏晋南北朝］07——12卷

07 秦并天下　08 汉武的帝国　09 两汉两罗马　10 三国纪　11 魏晋风度　12 南朝，北朝

第三部［隋唐］13——16卷

13 隋唐定局　14 禅宗兴起　15 女皇武则天　16 安史之乱

第四部［宋元］17——20卷

17 大宋革新　18 王安石变法　19 风流南宋　____待续

图书在版编目(CIP)数据

奠基者/ 易中天著. -- 杭州 : 浙江文艺出版社,
2016.1（2017.11重印）
（易中天中华史）
ISBN 978-7-5339-4289-2

Ⅰ. ①奠… Ⅱ. ①易… Ⅲ. ①中国历史－西周时代－研究 Ⅳ.
①K224.07
中国版本图书馆CIP数据核字(2015)第226380号

责任编辑　金荣良
特约编辑　王　敏
装帧设计　Mirro
内文设计　谈　天
插　　画　方佳翮　何　姝　高文婧　谈　天

易中天中华史
奠基者
易中天　著

出版　浙江出版联合集团
浙江文艺出版社

地址　杭州市体育场路347号　　邮编　310006
网址　www.zjwycbs.cn
经销　浙江省新华书店集团有限公司
　　　杭州果麦文化传媒有限公司
印刷　北京旭丰源印刷技术有限公司
开本　890mm×1280mm　1/32
字数　110 千字
印张　6.5
印数　126,001-141,000
插页　2
版次　2016年1月第1版　2017年11月第15次印刷
书号　ISBN 978-7-5339-4289-2
定价　35.00元